行进在大时代

——步超回眸那些年

知青励志故事　教授创业感悟　时代精彩回放

李步超 著

经济管理出版社
ECONOMY & MANAGEMENT PUBLISHING HOUSE

图书在版编目（CIP）数据

行进在大时代/李步超著．—北京：经济管理出版社，2017.6
ISBN 978 – 7 – 5096 – 5162 – 9

Ⅰ.①行…　Ⅱ.①李…　Ⅲ.①李步超—自传　Ⅳ.①K825.31

中国版本图书馆 CIP 数据核字（2017）第 126697 号

组稿编辑：申桂萍
责任编辑：侯春霞
责任印制：司东翔
责任校对：雨　千

出版发行：经济管理出版社
　　　　　（北京市海淀区北蜂窝 8 号中雅大厦 A 座 11 层　100038）
网　　址：www. E – mp. com. cn
电　　话：（010）51915602
印　　刷：玉田县昊达印刷有限公司
经　　销：新华书店
开　　本：720mm × 1000mm/16
印　　张：14. 25
字　　数：271 千字
版　　次：2017 年 6 月第 1 版　　2017 年 6 月第 1 次印刷
书　　号：ISBN 978 – 7 – 5096 – 5162 – 9
定　　价：60. 00 元

目　录

序 …………………………………………………………………… 1

第一篇　青葱岁月

我的祖父李宝流 ……………………………………………… 3

魂牵梦绕外婆家 ……………………………………………… 6

在父母眼中，儿女永远是最重要的角色 ………………… 9

父母恩爱相处是子女成长的甘露 ………………………… 13

风筝的回忆 …………………………………………………… 17

男儿不可不钓鱼 ……………………………………………… 19

母亲：儿子唯一可以终身撒娇的人 ……………………… 22

懵懵懂懂那些年 ……………………………………………… 26

我的小伙伴 …………………………………………………… 29

我要挣钱 ……………………………………………………… 32

荒废中的珍贵 ………………………………………………… 36

我的恩师——马宏道 ………………………………………… 41

知青岁月那些事（一）——吃的故事 …………………… 44

知青岁月那些事（二）——劳动的故事 ………………… 48

知青岁月那些事（三）——人的故事 …………………… 51

想飞的那些年 ………………………………………………… 58

第二篇　乘风飞翔

大学最珍贵的是气场 ………………………………………… 65

我在大学想什么 ·································· 68

校园趣事 ······································ 72

我此生最骄傲的事 ······························ 76

认识爱情 ······································ 81

第三篇　步步赶超

争当一流是很重要的职业意识 ···················· 87

做学问的快乐 ·································· 93

同事友谊万岁 ·································· 95

珍惜那段从政体验 ······························ 98

向水学习 ······································ 103

珍贵的师生情谊 ································ 105

第四篇　重新出发

人生就是体验的过程 ···························· 109

我从事咨询培训时都讲些啥 ······················ 120

明天的行程安排 ································ 134

推崇"四个一"的休闲方式 ······················ 142

思考的列车不能停歇 ···························· 144

制造快乐 ······································ 149

第五篇　柔笔留痕

放歌人生万事悠 ································ 155

乡村的记忆 ···································· 164

江西四季歌 ···································· 166

与妈妈永别——母亲徐玉梭告别仪式上的悼词 ········ 173

金色的秋天 ···································· 174

产品的外观设计与产品的销路 ···················· 176

学会"反弹琵琶"加快工业发展···180

经济发展应追求产业连锁效应——对两道难题一起解的几点思考········189

谋深计远——企业家谋略研究之一···196

随机应变——企业家谋略研究之五···201

《商战间谍》（节选）···206

感谢大时代（后记）···215

序

在我们国家，"50 后"是比较特殊的一代人，新中国的每一场变革都让我们"50 后"遇上了。

大变革时代的风霜雨雪，毫不留情地吹打、磨砺着我们这代人，让我们具有了特殊的思想品质、价值观念、思维方式和生活习惯；大变革时代的灿烂阳光，也酣畅淋漓地沐浴在我们身上，让我们分享到了改革开放与国家快速发展的成果。

我出生在"大跃进"时代。可以说，既处在每场风雨的高潮，也充分地分享到了阳光。

我三岁遇上三年自然灾害，家里几乎要断粮了，是母亲把我送到外婆家才躲过那场饥饿危机。

刚刚过上几年好日子，1966 年我读小学二年级的时候，"文化大革命"开始了；小学六年制改五年制、初中和高中三年制改两年制，都是从我这届学生开始的。读书的年纪学工、学农、学军，就是不怎么学文化。我的文化基础可想而知。

高中毕业本是考大学、参加工作的时候，前面几届毕业生都是"三个面向"（面向农村、面向工厂、面向军营），到我毕业时就改为"一个面向"——除独生子女外，全部上山下乡，接受贫下中农再教育。

多亏了敬爱的邓小平同志拨乱反正，开启了中国改革开放和快速发展的大时代。恢复高考让我这个种了四年田、干了近一年建筑工的大龄青年，有了选择命运的机会，让我争取到了黄金般的四年大学校园生活。

大学毕业，我已近而立之年，赶紧结婚吧，又遇到只生一胎政策最为刚性的时期。作为独生子女一代的父母，我们这代人可能成为中华民族历史长河中的唯一了。现在国家实施"二胎"政策了，羡煞我们这些失去"造人"能力的"50后"。

我那些知青战友考上大学的极少，当兵、顶职在国企的也极少，多数人随着知青回城潮回城，当了铁路大集体的装卸工。但就在他们工作正带劲的时候，又下岗回家了，拿几百块钱的补贴在家"赋闲"。

当我们攒了点钱的时候，房改了；当我们的子女要买房结婚的时候，房价飞涨了；当我们退休的时候，取消公费医疗进社保了；当我们的儿女大学毕业要参加工作的时候，社会需要"拼爹"了……

命运在捉弄我们？不然！我们其实是幸运的一代人。

和"30后"、"40后"比，我们没受战争之苦。

和前"50后"（1950~1954年的）比起来："文化大革命"的时候我们太小，没有参加串联、武斗、批斗别人；上山下乡赶上个尾巴，少受了5~8年的苦。

和"60后"、"70后"、"80后"比起来，我们也有不少安慰点：大学毕业后工作是分配的，又正逢国家人才短缺，我们堂而皇之地走进国家机关、高等院校、国有企业，并都占据了好位置，让"60后"、"70后"只有羡慕嫉妒恨的份儿；房子是单位分配的，到了单位，筒子楼还是有住的，但没住几年至少都分配到二室一厅的房子，没有"80后"要用可怜的工资去租房的苦恼；先入为主，到单位获得提拔的机会比后来的人多，我们大多是"60后"、"70后"的领导；我们最大的幸运，是在职业成长的阶段有公平竞争的机会，不怎么需要"拼爹"。很难设想，像我这样的装卸工人的儿子，在南昌连个亲戚都没有，自己又不会来事儿，怎么可能本科毕业13年就当上教授、18年就走上副厅级领导岗位？

时代创造了机遇，机遇眷顾了我们：给了我们三年左右参加高考的机遇，虽然只有万分之几的录取概率，但总算给了我们机会；考上了大学，又有三年左右破格提拔、重用的机会；改革开放的政策给了我们每个"50后"最好的创业发展机会。

1978年以后的中国，是国家改革开放、快速发展的大时代，是为实现中华民族复兴梦而奋斗的大时代。

在这个大时代，我们个人的职业生涯与民族复兴同步，个人事业发展与国家振兴同步。这不正是最大的幸运？！

知足吧！"50后"！

知足吧！步超同志！

作为"大跃进"年代的产物，我当过4年农民、1年工人、4年大学生、20年教师、7年教授、3年副厅、15年商人，在工农商学兵、党政军民学中，唯有军和兵没有干过。我的职业生涯从当农民开始，再读大学、当教授、做官员，又回归当农民。终点又回到起点，风风雨雨几十年，可以说经历不少、感悟不少、收获不少。

我应当感恩这个时代。感恩时代的风雨磨砺，感恩时代的阳光哺育。

我很知足，常常聊以自慰：官员没我自由，商人没我读书多，教授没我钱多。美美的……

我做学问做到了教授，在江西还有一点点学术影响；当官担任了副厅级领导，在族谱里也算个高官了；经商成了点小气候，在全面实现小康的路上没有拖全国人民的后腿。

我也时常开展表扬与自我表扬：在江西，像我这种官员、商人、教授"三合一"的人估计不多。我也说自己是"三不像"，源于自己在哪个领域都没有成大气候，都只能说是：成了事情没成事业，有点成就难说成功。

平日里，我爱好不多，对麻将、二七王、斗地主没有兴趣，琴棋书画的水平也难以见人，平时就是钓钓鱼、看看电视、翻翻书。我在"恰同学少年"的时候，曾经做过很长一段时期的文学梦，因而至今仍喜欢摆弄些诗歌不像诗歌、散文不像散文、杂文不像杂文的东西。

六十岁生日将至之际，我突然产生了一个念头：将自己经历的、看到的、思考的、写下的东西汇集整理起来，看看能否通过这些东西，从一个侧面、一个角度，记录大时代下普通中国人的行进足迹，能否从我这个小人物身上折射出大时代下中国人的改变和进步。

今天，我这个从事经济管理学教研的"文艺老年"，将平日里涂鸦的东西拿出来晒晒，大家就不要太挑剔了。有几篇专业方面的论文是我从事教学研究期间有阶段性代表意义的东西，也收录其中。

我有言在先：老人家我喜欢听好话。朋友们读完这本东西，表扬的话多说，批评的话少说，你说了我也不会改正。因为，以后这类东西本人不生产了，也没有机会改进提高了。

恳请大家耐心读完它，并收好，别把它送到废品站。谢谢大家给步超面子。

> 我是祖国大森林中的一片树叶，
> 折射着共和国大变革的光影；
> 我是祖国大时代交响曲中的一个乐符，
> 轻快地发出自己的奏鸣；
> 我是祖国蓝天下的一枚鸽哨，
> 大时代的劲风吹响着我的回音；
> 我是民族振兴大军中的一名小兵，
> 大时代奋进的路上留下我行进的脚印……

第一篇　青葱岁月

天将降大任于斯人也，必先苦其心志，劳其筋骨，饿其体肤，空乏其身，行拂乱其所为，所以动心忍性，增益其所不能。

——《孟子》

我的祖父李宝流

　　威严，用这两个字来概括我爷爷应当是准确的。

　　他有一双炯炯有神的眼睛，好像要把注视物看穿；两条特别长、特别浓的眉毛，总是有力地张扬着威武；他那高高的、坚挺有力的鹰鼻，加上满脸的络腮胡子，正是一副英武的硬汉形象。

　　我现在回忆起小时候爷爷带着我玩耍的情景，就会浮现出一只狮子牵着一只小猫的画面。不知何故，爷爷在我心中就是一只高大威武的雄狮，而我就是一只温顺的小猫。

　　我的老家在浙江永康市石柱镇，是金华通往温州国道边的镇关村。爷爷家就在原镇政府的斜对面，中间隔着一个集市小广场，一个戏台立在集市的东面。每逢赶集的时候，爷爷家很热闹，开门就是喧闹的市场。

　　我爷爷在家中的四兄弟中最小，下面还有一个妹妹。这个妹妹（我的姑奶奶）嫁到我外婆家所在的云山乡大塘沿村，是她做媒促成了我父母的婚姻。

　　我爷爷在抗日期间干了件"祸害"下面两代人的事情——出任镇里的伪保长。

　　据说，他当保长的时候是蛮威风的。要出门办公务了，他就戴顶浙江那年代流行的布帽子，换上中山装，威严地迈出家门，轻轻地踏进专用的轿子，低声地说句"走！"起轿后，他才会说出今天工作的目的地。轿子走起，后面还跟着两个背着长枪的汉子……

　　我估计，爷爷这个伪保长是干过一些征粮、征兵之类的公务，但没有听说他祸害过老百姓。有一次，我回老家，有人指着前面的一个老太婆对我说："这个老奶奶是应当好好谢谢你爷爷的。当时，日本鬼子抓花姑娘，把她抓去了，是你爷爷和日本鬼子周旋才将她救回来的。"尽管如此，每当我看到影视里那些对着日本鬼子点头哈腰，敲着锣喊着"皇军要征粮啦"的角色，就会想：爷爷年轻的时候，恐怕就是这个样子。

　　正是因为爷爷的这段"历史问题"，我也就成为伪保长的徒子徒孙，中学入团都受到了影响。

1976年，我下乡已经满两年，符合推荐上大学、招兵、招工条件了。那时候我学画画也有四五年时间了，水平自然过得去。平时，我会把自己的画作挂在房间，时间长了满屋子都是自己的画。那年招兵的季节，两个到我们公社带兵的军人来到我们知青点，看了我满屋子的画，窃窃私语一番后把我叫到身边，问我想不想当解放军。那年头，当兵可是最佳职业选择啊！我无比兴奋地答应了。那两个军人对我交代，做好当解放军的准备，做好对此的保密工作。我满怀喜悦，以为可以离开农村了，激动的几天都没有睡好。结果呢，政审时因为爷爷的问题给叉叉掉了。

爷爷李宝流和奶奶胡玉娇生育二男二女。我父亲李春荣是家中的老大，下面是大姑姑春娥、叔叔春结、小姑姑春秋。我奶奶身材矮小，皮肤白净，慈眉善目，轻声细语，行动缓慢。估计是大户人家出身的缘故，奶奶料理生活的能力真不敢恭维。烧两三个人吃的面条，她灶里的火烧得油灯般大小，没有两三个小时端不上桌。但她养生却有一套。我小时候，经常看她坐在椅子上闭目养神，念念有词……

我从小到大，从母亲嘴里唱出的都是数落爷爷的歌。歌词大意是：石柱本就是永康地少人多家穷的地方，奶奶又不会打点生活，家里的生活自然就过得拮据不济。而我妈妈出生在中农家庭，从小过着比较小康的生活。大舅舅又是在我母亲十几岁后出生的，外公外婆对我母亲这个女儿更是疼爱有加，好吃好喝不说，还让她读了几年私塾。在我妈妈出嫁时，外婆送了一套首饰作为陪嫁。

我母亲嫁过来后，爷爷家虽然多了个人，但田地就那么点儿，生活更加困难了。加上妈妈又没有赶紧为家里添丁，威严的爷爷就没给母亲多少好脸色。

为改善生活，母亲陪着父亲挑着货郎担到丽水、缙云一带的山区做起以货易货的小买卖。几个月后，我父母返家过年，母亲发现陪嫁过来的首饰不见了。爷爷倒是光明磊落，理直气壮地冲母亲说了句"被我卖了！"一句好听的道歉话都没有。就这件事情，公公和媳妇之间结下梁子了，母亲为此记恨了一辈子。

有一年，爷爷到我家住了一段时间。要回永康的时候，他向我妈妈要我家那个印着铁路路徽的搪瓷茶杯，被我妈妈一口回绝了。几年后，爷爷去世了，我妈妈为这个茶杯的事情很是后悔。很多年以后，我妈妈还在追悔这件事情："对老人家提出的要求，我应该尽量满足他。不然，后悔一辈子。"

威严的爷爷对我这个长孙是很疼爱的，我的名字就是爷爷给取的。记忆最深刻的是我读初二的时候，我和大妹步琴回老家过年。生活拮据的爷爷亲自到集市上买了一只鹅，宰后带着我到溪边去清洗。路上他拍拍我的肩膀说："步超，你在爷爷这里过年，爷爷从来没有这么高兴过。我们好好过个年。"那种欣喜、得意、满足的神情，给我留下深深的记忆。

我结婚那年，爸妈带着我和我爱人回了一次老家。虽然从鹰潭到永康就几百公里的距离，可去一趟颇费周折：拥挤的火车里耗掉七八个小时才到金华，到金华汽车站好不容易才买到下午的票，再坐两三个小时的汽车才到永康县城。最后，还要从永康雇个三轮车摇摇晃晃地走一个多小时才到石柱。

爷爷家就两间破旧的老房子。他带着奶奶和叔叔一家借宿到别人家，把房子让给了我们。我和爱人住的那间房四处透风，屋内还养了两只鹅。臭气熏天不说，一晚上鹅不停地叫唤，弄得我俩基本整晚都没睡着。

小时候，爷爷教育我的几句话铭记至今：步超，你以后不要去做管钱的事情。人和钱打交道久了，迟早会出问题的，昧良心的钱不能要！这句话在我担任知青农场会计、省委党校分管后勤的副校长，以及下海经商当董事长的时候，都产生了很大的影响。

爷爷是在春节前几天去世的。他在去自留地的路上摔了一跤，两天后就驾鹤西去。收到唁电后，父亲带着我和弟弟步强当晚就往老家赶，在年二十九的那天将爷爷送上了山。按永康乡下的风俗，我作为长孙，提着灯笼走在送葬队伍的前面。那是我人生第一次下跪，为我的爷爷李宝流送行。

大年三十晚上，父亲带着我和弟弟坐着火车往鹰潭赶，一节车厢就我们父子三人，犹如乘坐专列一般。火车上，父亲痛苦地低垂着头，不时发出长长的叹息……

我知道，他是在向我爷爷道歉，在责怪自己没有能够好好地孝敬爷爷；我知道，爸爸肩负着养育我们兄弟姐妹五个的家庭重担，也没有能力更多地孝敬爷爷……

年初一凌晨一点多，我们才赶到家。父亲把全家人叫了起来吃年饭，但他没有了往年春节时特有的兴奋。

生活就是这样，父亲不仅要孝敬他的父亲，还得当好自己子女的父亲……

近十多年，每到清明节我都会回到石柱祭奠我的爷爷李宝流。我从南昌出发，坐上舒服宽敞的高铁，不到三小时就到永康了。我那帮堂兄妹们，现在靠办工厂、跑运输都发展得很好，家家户户买了小汽车，盖了小楼，家用电器一应俱全，每年都还出去旅游。每次我清明回老家，他们家家都开着小汽车去祭奠，祭奠完就聚集在酒店一番美餐。

坐在酒桌上，望着这些衣着光鲜的亲戚们，我都会想：爷爷那辈儿的人真是活得太苦了，他们经历了国家战乱时代给百姓带来的苦处，经历了共和国探索发展道路的曲曲折折，却没能分享到改革开放这个大时代带来的利益和幸福。

魂牵梦绕外婆家

外婆家是我的摇篮，外婆家是我的港湾，外婆家是让我魂牵梦绕的地方。

外婆家距浙江永康县城只有十几公里，是一个典型的浙江小乡村。从县城出发，一座洋溢着越国风韵的廊桥——西津桥横贯江上。廊桥的桥梁、桥厢、桥柱、桥面等全是用木头打造的。廊桥的顶部盖着灰色的瓦，不仅可以避日挡雨，而且将桥厢内外那些五颜六色的彩绘衬托得鲜艳动人，使得整座廊桥宛如一个长长的花轿。在廊桥桥厢内置有木制的板凳，人们或在此歇脚，或凭栏阅览江岸的景色，或相约在此一并进城、一道下乡，几个小贩在此吆喝着卖些瓜子、香烟、大碗茶。在我儿时的记忆中，这座廊桥给我留下了极为深刻的烙印。

走过廊桥是一条乡际砂石大道，那时候这条路上鲜有汽车行驶，但自行车、拖拉机、小推车、行人和成群的牛羊，使得这条大道熙熙攘攘，很是热闹。尤其到了集日，更是人头攒动、人欢牛叫，呈现出一幅繁荣景象。

沿着这条大道行进十来公里，就转到一条弯弯曲曲的小道上。这条进村的小道左边是一个大水库，右边是连绵起伏的丘陵。走上 20 来分钟，一个秀丽、恬静的小村庄就呈现在你的面前。

村庄南北三面都是小丘陵，民居则坐落在山脚，村庄的中央是一口池塘。这口池塘是整个村庄的中心，所有民居都是环绕这个池塘而建的。估计"大塘沿"这个村名就是根据这个地理特点而来的，只是有点名不副实——池塘并不大，只有二三亩地大小而已。

小池塘不知经历了多少年代，静静地观察着代代大塘沿人的悲欢离合、辛勤劳作。池塘的西面，建有两个很有点历史的石亭。石亭的飞檐、雕刻颇有宋代的风范，加上石亭两侧青石板铺就的路、石亭后面江浙风格的青砖民居、民居后面的青山绿树，将整个村庄塑造得古朴、典雅、秀丽，很有文化底蕴。

我外婆家就在这大塘的边沿。

我外婆叫朱岩仙，是一个典型的浙江女子，还真长得像一株岩石边的仙草：她小巧玲珑、清秀灵动，一双眼睛透着聪慧和温柔，说起话来柔声细气，将本就好听的浙江话说得像唱歌弹琴一般委婉动人，很像那民歌《茉莉花》的调调。

我三岁的时候，逢国家三年自然灾害，城里的人都吃不饱饭了。爸妈将我送到外婆家避灾，这一住就是三年。

在外婆家的日子很是享福。外婆对我这个大外甥喜欢得不得了，每天早餐，外婆就做鸡蛋粥给我吃。大锅熬的稀饭，自家养的鸡生的蛋，冲出来的鸡蛋粥那叫一个好吃啊！我住外婆家的日子里几乎天天如此，把我养得白白胖胖的。外婆做鸡蛋粥时的那个认真模样，深深地印刻在我的脑海里，让我终生难忘。

外婆做豆腐的水平，在七里八乡还有点名气。隔三岔五的，我外婆就会担着豆腐挑子到附近村庄卖。每次卖豆腐回来，我都会看着个子矮小、一双小脚的她，露出对英雄一样的敬仰。

外公徐长清是一个很有点乡绅模样的人。他平时言语不多，脸上总是堆着温和的慈祥。他是大塘沿种田的能手，加上比别人勤快，同样的田地，总能比别人家多产出东西来。

我外公有一杆烟枪很是别致，细细的、长长的，烟嘴和烟锅都是铜的，中间还系着一个蓝布烟袋，烟袋上还有外婆绣的几朵小花儿。外公休息的时候，就会把我叫到身边，让我帮他装上些黄烟丝。我从烟袋里取出些烟丝，蹲在他的身边认真地往烟锅里添着。他左手持着烟枪，右手拿着根用草纸做的火捻，悠闲地坐在椅子上等待着。看我装满了烟丝，他将火捻吹着了，慢悠悠地点起烟来。然后，他眯上眼睛，吞云吐雾一番。时不时，还带着满脸的幸福说上一句："好哇，外甥都可以帮我装烟了……"

我小姨徐玉双在外婆家是幺妹，是我父母结婚后才出生的，比我也就大六七岁。不满十岁的她在生活上可没有我待遇高，不仅没有鸡蛋粥吃，平时还常常被我"欺负"。我俩玩耍的时候，她总是让着我。我生气的时候，就拿着小竹梢要打小姨，小姨赶紧跑，我就在后面追。这时候，外婆就会站在门口对小姨大声地训斥："玉双，你不要跑了！不要跑！你就让他打几下，不然步超他追追追就会摔跤的……"

那时候，浙江的生态环境是很好的，农村的小河、小溪里鱼、虾、泥鳅特别多。我两个舅舅是抓鱼的高手，经常抓些鱼虾来改善生活。

那时候，我虽然只有三岁，但那温馨的生活场景至今历历在目。

1978 年，我高考失利，伤心得很。按照爸爸的建议，我向知青农场请假，又到外婆家住了二十几天。在这段疗伤的日子里，我除了帮助外公干点农活，多数时间是帮外婆烧烧火、挑挑水……

每天早上，我早早起床，穿过田野，向外婆家对面的山上跑去。每次登上山顶，我都会脱下红色的背心，向着外婆家的方向挥动几下。因为我知道，每当此时，她老人家都会站在门前向山顶眺望。她看到我在山顶挥舞着红色的背心后，就会和外公、小姨说："步超又到山顶了，像面红旗一样……"

我就是在这段时间认真思考了自己的人生方向，做出了放弃考美术专业而考文科的决定。

1985年国庆节，我和爱人周玫结婚了。春节的时候，我随父母一道，带着我爱人回到大塘沿，看望我亲爱的外婆（外公已经去世了）。这时候，外婆已经患病躺在床上。

外婆望着我父母带着的一大家子人，脸上堆满得意和幸福。她紧紧握着我和爱人的手，高兴得眼泪直流。我们围在她病床前，每个人都为她献上一首歌。外婆高兴得连连说："好听！好听！"等我们每个人都表演过后，她自告奋勇地说："我也唱个歌给你们听。"这让大家喜出望外。她唱了首浙江老家的民歌，非常好听。我虽然没有完全听懂，但那优美的江浙民歌曲调完全把我征服了……

我爱人打开她带去的当时流行的"盒子炮"录音机，将录了下来的歌放给外婆听，她双眼放出惊奇的光芒："这东西真奇怪，还能把我的声音留下来。"

这是我第一次听我外婆唱歌，也是最后一次听我外婆唱歌。

近些年，每逢清明，我都会回到永康祭奠那慈祥、善良、温情的外公外婆，追思他们给我的关爱。

现在的永康已经找不到当年的模样了，已成为一座闻名世界的五金城、全国百强县。我从南昌回永康，乘高铁火车用不了三个小时就到了。当年的木廊桥也重新翻修成水泥仿木廊桥，县城通往大塘沿的砂石马路成为高速公路与县城连结的沥青快车道。

外婆家的村庄——大塘沿也因建设高铁而全部搬迁了。可我的心中，永远存留着对大塘沿的美好记忆，永远存留着外婆对我的爱意。

听说大塘沿村要整体搬迁的时候，我特意驱车前往，从外婆家的墙上拆下两块青砖带回南昌，我要在装修别墅的时候，将它镶嵌到家里的某个地方，将外婆的故事永远讲下去。

我每次遇风寒身体不适，都会用上一个秘方——冲一碗外婆家的鸡蛋粥，快速地喝下，盖好被子睡一觉，一阵大汗淋漓后，基本就没有事了，这疗效特别好。而每次喝鸡蛋粥的时候，外婆的音容笑貌都会浮现在我面前。我想：鸡蛋粥这个秘方对我具有那么神奇的疗效，恐怕就是外婆的在天之灵对我的护佑吧。

在父母眼中，儿女永远是最重要的角色

我从小到大，从大到老，无数次地聆听父亲"播放"他创家立业的故事。在我的脑海里，深深地烙印着一部由我父亲导演并担当主演的影片——《李春荣创家史》。这部电影时常会在我独处异乡、夜深人静的时候，尤其是想家的时候播映。

我父亲李春荣，1931年出生，在私塾里读过几年书，在工人阶级队伍里算是有点文化的人，时常会帮工友、邻居代写家书、申请之类的东西。他写的字，比我这个教授都好几百倍。父亲和多数浙江人一样，很小的时候就出门讨生活。我曾经和父亲调侃："爸爸，你是革命没将革命进行到底，反革命没将反革命进行到底，经商没将经商进行到底。"

国民党逃往台湾的时候，从浙江抓了一批壮丁到舟山群岛当海军，我父亲就是其中一员。他在一个基地学习海军旗语，一个月不满就逃跑回家了。其中的原因，并不是他的政治觉悟高，不愿为国民党卖命，而是星期天和几个老乡上街玩儿，回基地的时候迟到了。值班的军官站在岗亭门前，对迟到者每人奖赏了三个耳光。当天晚上，在父亲的鼓捣和策划下，几个石柱老乡偷偷地脱离了国民党的反动统治。这就是我说父亲"反革命没将反革命进行到底"的原因。

永康解放后，父亲参加了区大队，帮助共产党去剿匪。因他有点文化，很受领导器重，但工作不到一年的时间，就回家不干了。原因是政府只管饭没军饷，养不起老婆。后来，他当年领导过的同事都是地区行署武装部长了。这就是我说他"革命没将革命进行到底"的原因。

父亲经商起步很早。他18岁时就带着母亲从县城购进一些针头线脑之类的小百货，挑个货郎担，到缙云、丽水的山区和山民搞起了以物易物的买卖。据他吹牛，当时的收入还是不错的。但后来国家政策限制的原因，他也没有"将经商进行到底"。

1954年冬天，在老乡的带动下，父亲转战江西。他带着我母亲，挑着一对箩筐，装些铺盖等生活用品，来到江西鹰潭创业了。

下了火车，他们来到鹰潭大码头老乡帮忙租下的房子里。"那年的冬天特别冷，冷得人要死。我们租的房子里面空空的，连床铺都没有。我就卸下门板当床铺，和你妈妈在门板上住了一个多礼拜。后来，还是邻居看我们可怜，借了几块板子给我们，我找了几块红石头来当床脚，才有了自己的床铺睡。"说到这里，父亲那浓浓的眉毛就会飞扬起来，并习惯性地扭头环视一下家里的家具，露出得意的笑容。

我父母具有浙江人吃苦、勤劳、精明的天性。父亲在异乡创家业的过程，真是一部汗水书写的艰辛篇章。

父亲到鹰潭立足后，就租了一部独轮车，跟着同乡到福建山区运木炭去了。"我出门去推木炭，你妈妈在居委会的指派下做些挑土方这样的粗活。那时候，家里真的没有钱啊。过年了，总共就八毛钱。我买了几斤米、几块豆腐和白菜，就算过年了。那一年的年夜饭，我和你妈妈都是流着眼泪吃完的。"

1955年，我父亲带着母亲一道，来到修建鹰厦铁路的工地挑土方。父母都是能吃苦的人，有了工作自然更加珍惜和拼命，深得负责工地管理的铁道兵营长的喜欢。在鹰厦铁路工地工作了一年多，铁路进入铺轨阶段，需要的民工越来越少了，民工队伍就要解散了，我父母又面临找工作的问题。

好心的铁道兵营长找到我父亲，送给了父亲一件军大衣和一封信，推荐父亲到铁路车站工作，这让忧心忡忡的父亲喜出望外。

我父亲欣喜若狂地拿着首长的信，找到鹰潭车站的领导。领导问他对安排工作有什么想法。我父亲说："什么工作拿钱多就干什么。"结果车站领导就分配他去干了工资最高、劳动强度最大的装卸工。

父亲在装卸工岗位上几乎干了一辈子，一直到他退休的前五年，才调到安全员这一机关工作岗位。父亲一辈子干的是强体力活，真是吃了不少苦。

他们实行的是"三班倒"的作息时间。白班，早上7点上班，下午7点下班；第二天是晚班，晚上7点干到次日的早上7点；下了晚班就休息一天，次日早上7点再上白班。多少年，我父亲的生活就是在这样的循环中度过的。他工作的强度我是很了解的。小时候，我经常去给父亲送饭。我亲眼目睹父亲肩扛着两袋大米（400多斤啊），踏着颤动的跳板，步履艰难地往火车车皮上走去；我亲眼看过父亲一个人在火车皮上用铁锹，一锹一锹，一个晚上卸完一个50吨车皮的煤……在我心中，父亲就是一座山，就是一个力大无比的勇士。

我父亲对自己的这份装卸工工作很满意，还有几分自豪，其根本原因就是工资高。记得在"文革"前，他的月工资就是57.5元，还有计件工资。我无数次地听父亲吹嘘："车站站长、贵溪县县长的工资也没有我高。"我父亲是浙江人财富欲望的缩影。

就在父母的生活走向转折点的时候，我在鹰潭信江大码头出生了。估计是正处"赶英超美"大跃进年代的缘故，没有多少文化的爷爷用农历为我报了户口（我正式证件上的出生日都是 1957 年 12 月 11 日，其实公历应当是 1958 年 1 月 30 日），还为我取了一个响亮的名字——步超，大概有"一步超越英美"的意思吧。

母亲拆了那件营长送的军大衣，缝制了我来到人世间的第一套衣物。可以说，我家的生活由此揭开了贫穷而幸福、坎坷而美满的大幕，父亲的异乡创业开始初尝甜果。

父母是在结婚八年后才生我的。可以想象，我小时候得到的宠爱是超越常人的。可能是父亲收入不错的缘故，我母亲没有再去参加工作，用今天的话来说就是做了全职太太，按铁路的习惯叫做了铁路家属。小时候，家里的日子过得还是比较"小康"的。父亲手戴上海表带我去钓鱼、放风筝，母亲在家用蜜蜂牌缝纫机为我做衣服。可以说，我 10 岁以前的日子，较一般的同龄人要享福些。

四个弟妹相继出生后，家里的经济情况日渐拮据。到了"文革"时期，更是每况愈下。单位上开始实行"吃大锅饭"的工资制度，父亲那颇丰厚的计件工资没了，生活开始逐步困难起来。家里的缝纫机、手表卖掉了，母亲也不得不去铁路货场做临时工，和父亲一样"三班倒"地干起装卸工这重体力活。

这时候的我，在家中的地位越发重要起来。作为长子，我从小就是父母的得力助手，是父母可以依靠的辅助力量。帮父母做家务，和父亲一起开辟了一大块菜地，放学回来就到菜地浇水施肥。平时我还和小伙伴们一道去钓鱼摸虾，帮助改善家里的伙食；父母倒班，我在家照顾、管理、教育弟妹……我这个父母的助手、弟妹的领导当得还是非常称职的，因而也成为邻居教育孩子的榜样。

从小时候开始，我的一点点成就都是父母开心的素材，都是他们向外炫耀的资本。我考上大学、到省委党校工作、成为在省内有点影响的教授、担任了副厅级领导职务，每次我的一点点成绩都能让他们开心很长一段时期，都能让他们引以为豪很长一段时期，都能让他们对外"吹牛"很长一段时期。

不知道从什么时候开始，家中的大事几乎都由我来做主，父母对我逐渐产生了一种特殊的依赖。尤其是母亲重病期间，我几乎成了她的精神支柱。只要我在身边，母亲的眼神都较平时更有力量。我感到，她对我的依赖心理越来越强了。尽管我做出了最大的努力，但还是有负于她的期望，没能挽回她的生命。

"你是爸爸妈妈的福星，生你以后我们的日子就好了。"这是父亲每次口播家史后，边握着我的手边加注的一句旁白。

其实，在父母创建家业的历程中，每一天都是他们艰辛的奋斗，每一天都是他们施爱于我及弟妹，每一天都是他们在做着看似平常却浸透着汗水与心血的付出。他们的奋斗、他们的爱、他们的付出，孕育了我们子女的生命，抚育我们成长与进步。

家史往往是国史的缩影，每个人都是国家变迁大剧中的一个小角色。但在父母的眼中，儿女永远是最重要的主角。

父母恩爱相处是子女成长的甘露

  随着时代的变化和进步，我父母和绝大多数中国人一样处在不停的搬家过程中。无论他们搬到那里，邻居们都会问我同样一个问题：你爸妈怎么有那么多话说？是的！我爸妈之间似乎有说不完的话。其原因，就是两人的恩爱之情。而他们之间的恩爱相处，是我们兄妹健康成长的甘露。

  鹰潭大码头是我父母来到江西的第一个住处，也是我出生的地方。大码头就在鹰潭公园龙头山脚下，在以水运为主的年代，江西、福建很多地方的交通都是经信江水域，通过鹰潭大码头进入鄱阳湖至长江的。据说当年鹰潭大码头是非常繁荣的重要码头，我家门前那被独轮车车轮碾压出深深沟痕的青石板，似乎可以印证大码头昨日的繁荣和遥远的历史。

  住在大码头的时候，我家住宿条件非常简陋，一栋二层的红石墙小屋，住着三户人家。楼下是三家人的厨房和饭厅，楼上三间房也分属三家人。头几年父母就我一个孩子，房子还显得宽绰。妹妹和弟弟出生后，这小小的房子就拥挤不堪了。我最为烦恼的是，每年端午节前后，信江都要发大水，一楼被淹是常有的事情，这样我就不能出去上学、玩耍了。邻里大多是打鱼的、拉板车的、剃头的、买菜的、开照相馆的、做衣服的……

  在这样的生活环境里，父母却生活得快乐幸福。

  母亲在家料理家务，养育我们几个孩子，父亲三班倒上班。在我的记忆里，父母从来没有大声地吵过嘴，更不会发生父亲打母亲的事情。爸爸上晚班，妈妈就会精心地为其准备好午夜用餐的饭菜，在爸爸出门上班前交到爸爸手里，并嘱咐爸爸注意安全。爸爸上白班的时候，家里有些好菜，妈妈就会带着我做伴给爸爸送去。

  "梭，我的袜子呢？""梭，给我拿毛巾来。"父亲呼唤母亲的声音是我小时候最深的记忆。我稍稍长大了以后，也曾经批评过父亲：这点小事都不自己做。可父亲屡教不改，我也慢慢地习惯了。其实，我父亲并不是大男子主义的懒汉，而是个"妻管严"的"重症患者"，在母亲面前他处于弱势。精明能干的母亲把持着家里的财政大权，打理着家里的所有事务。但像买煤、种菜之类的活儿，父亲从来不舍得让母亲沾手，全是他自己的事情。

父亲对母亲的爱，更多地体现在相互宽容和礼让上。对于家里的日常事务，父亲一切服从母亲的指挥。即使产生不同的意见，最终父亲总是挥挥手："听你的，都听你的。"自己点根香烟自寻开心去了。但遇到孩子上学、工作、婚姻这样的事情，遇到有关家庭发展的一些方向性问题，父亲的意见就起决定性作用了。

"男人有本事就到外面用去，别用在老婆身上"，"自己的老婆都不心疼的人，肯定不是好人"，父亲经常在我面前这样说。

父母在一块儿总是轻声轻语地说话，总是温和地交流。他们谈得最多的，是永康老家的事情，是他们来鹰潭后经历的事情。听多了，我都产生了似乎经历过那些事情的错觉。每天睡觉的时候，他们靠在床上聊着；早上起床后，他们又在聊着。我也很奇怪，他们怎么有那么多话说？

为此，我在大学的时候，还写了首《爸妈的对话》的诗送给他们：

父亲：

> 难忘那一年，
> 你我踏上浙赣线；
> 拥挤的车厢，
> 弥漫着对家乡山水的留恋。
> 空荡的箩筐，
> 装满了期许中美好的明天。

母亲：

> 难忘那一天，
> 寒风刺脸面，
> 胆怯的手儿紧紧把你牵。
> 来到信江边，
> 卸门当床难入眠，
> 有床无门泪涟涟。

父亲：

> 记得那一年，
> 过年只有八毛钱，
> 你我泪滴油灯前。

母亲：

> 记得那一年，
> 儿子来到人世间，
> 八年期待今日圆。

父亲：

> 就从那一年，
> 生活大改变。
> 勤劳一手茧，
> 快乐堆满面。

母亲：

> 儿女相拥福无限，
> 无憾甘苦都尝遍。
> 白手育出幸福果，
> 相夫教子乐心间。

我的感慨：

> 养育五儿女，
> 每日万句言。
> 恩爱两夫妻，
> 辛劳两副肩。

在我的记忆中，温和的父亲曾经向母亲咆哮过一次，这也是我记得的唯一一次。

1967年初夏，信江又发大水了，水都快上我家二楼了。一个打鱼人家的小伙伴划着打鱼用的木桶到我家来玩。母亲就让他送她出去买菜。不一会儿，小伙伴送完我母亲后就折返了，还带来另外两个玩伴。在我家玩了一阵儿，大家都觉得无聊。"我带你们到公园去玩好不？现在涨水，公园的围墙都淹了，我可以划进去。"那个小伙伴建议。大家一致同意，都看着我。我在家被大水困了几天，实在太难受了，就欣然同意了。

我们四个十来岁的孩子，乘着个鱼桶出发了。到了公园边，平时高高的围墙被水淹得只剩下不到2尺高了。我们爬上公园围墙后，那小伙伴为找不到拴鱼桶的地方着急了。大家商议，那只好留下一个人来牵住缆绳了，我就自告奋勇地留了下来。

他们三个离开不久，我在无聊中产生了模仿小伙伴划鱼桶的冲动。一下到鱼桶内，鱼桶就剧烈地晃动起来，我差点就掉到水里。下面可是一丈多深的水呀。更可怕的是，鱼桶漂离了围墙，开始向江面的方向移动了。我吓得蹲下身子，紧紧抓住桶沿大声哭着呼救起来……

估计是我的哭救声惊动了周边的人，他们将我救了起来。傍晚的时候，我就发起了高烧。邻居们说这是吓得掉了魂，让我妈妈去叫魂。妈妈边哭边冲着公园的方向叫喊着："步超！快回来哦！步超，快回来哦！"

父亲下白班回来了，他穿条短裤，游了二三十米进了家门。他听说事情的原委后，边换衣服边冲着母亲咆哮起来，大声责怪妈妈没有看管好我，责怪她稀里糊涂信迷信。说完就抱着烧得迷迷糊糊的我，在邻居的帮助下渡小舟上岸，送我到铁路医院去了。

我出院后，温和的他以家庭安全为由，强行住到车站的江边货站里去了，并很快分到了东站的铁路职工宿舍。

父母和睦地相处，会潜移默化地影响到子女的成长。

父母相互恩爱，子女品行就会善良；父母和睦相处，子女性格就会温和；父母相互关爱礼让，子女品行就会谦和宽容。我自以为，自己很好地继承了父亲善良、包容、礼让的品行，我的性格也特别像父亲。我弟妹几个也是以温和善良的为人而被他们的爱人、同学、同事称道。

父母的恩爱相处是子女成长的甘露。

风筝的回忆

阳春三月，我在家里的阳台上泡上一壶铅山红茶，尽享着生态大都市的美景。

我家居住在南昌市红谷滩新区临赣江的一栋高楼里，站在阳台上凭栏远眺，一江两岸的美景尽收眼底。江岸边已是绿树如黛，桃红柳绿；辽阔的赣江江面碧波荡漾，小舟摇弋；江对岸，高楼林立，汽车如蚁，那巍峨的滕王阁静悄悄地屹立在蓝天碧水间。

举目蓝天，一只风筝摇头晃脑，随风攀飞，越升越高。望着那风筝，我的思绪被拉回到四十多年前的鹰潭信江河畔、龙头山下。

小时候，我家住在信江码头边。每当春风和煦、天高云淡的日子，父亲休班的时候就会带我扎风筝、放风筝。在信江的河滩上，我拿着风筝，父亲拉着风筝线。"一、二、三，放！"父亲一声令下，我手一松，父亲拉着风筝撒腿跑了起来。风筝在父亲的拉动下，慢慢升上空中……

把风筝送上蓝天之后，父亲就会点根香烟，擦擦脸上的汗，得意地望着空中的风筝，将线盘交到我的手上，任我纵情收放。

望着赣江边那对放风筝的父子，我仿佛又回到信江大码头，又回到那幸福快乐的童年。我返老还童，竟然写得儿歌一首：

柳树绿了的时候，
爸爸带我去放风筝。
一根长长细线，
升上一个小人；
风筝的头在摇，
风筝的脚在蹬；
摇啊摇，蹬啊蹬，
云儿裹住了小人。
快呀，爸爸，

给我也系上小绳，
让我去救出小人，
再帮您摘一捧星辰。

在父亲的培训下，我学会了扎风筝。四个弟妹相继出生后，父亲就没有时间和精力再带我去放风筝了。他把扎风筝、放风筝的重担交给了我这个长子。我在春天的季节，也会带着弟妹，拿着自己扎的风筝去和大人们斗斗放风筝的技巧，体验放风筝的愉悦。

不满 17 岁时我就插队落户了，从此再也没有放过风筝，但特别喜欢看放风筝。每每看到蓝天上舞动的风筝，我就会想起远在鹰潭的父亲，眼前就会闪现他望着风筝的得意表情。很多次，我都想效仿父亲，带着自己的儿子去放风筝。可惜！我儿李梦舟从小就被沉重的课程压迫得没有放风筝的时间，电子游戏和电视又转移了他对爱好的选择，我也就没有能够传承那种特有的父爱。

记得父亲 70 岁生日的时候，我的爱妻到义乌出差，特意买了一个最大的风筝送给了父亲。父亲高兴得像孩子一般，竟然手舞足蹈起来。后来，他打电话来说，周玫买的风筝很好，飞得高，升到空中很漂亮……

后来，我慢慢明白了我为什么爱看放风筝。看放风筝的过程，就是怀旧的过程，就是重温父爱的过程，就是我独处异乡思父想母的过程。

我就是那空中的风筝，心中的思念就是那根长长的线儿，永远都和父母连接在一起。

男儿不可不钓鱼

我除了看书，真正称得上爱好的，恐怕只有钓鱼了。培养我这一爱好的人，就是我的父亲。

家住在信江边，从记事的年龄开始，父亲就带着我去信江边钓鱼。那时候信江的水很清很清，鱼也很多很多。每天清晨，江岸的码头上，女人们嬉笑耍闹，挥杵洗衣，男人们则静静地垂竿钓鱼。至今我还记得那时水流的波纹，还记得那时鱼在水中游动的姿态，还记得那时江边空气的味道。

到我读初中的时候，江里的鱼就越来越少了。星期天、暑假的时候，父亲时常带着我步行十几里地，到鹰潭附近的农村去钓鱼。那时候，少有人去的小溪里有很多的鱼，我们父子二人每次都收获颇丰。

母亲很会理财当家。在她的策划和组织下，她和另外 11 个大妈发起组织了一个 12 人的"互助会"，每个人每月出 10 块钱，将钱集中起来后给其中的一位，这样每年每人就能得一回 120 元的大钱了。拿钱的先后不说死，谁家困难、谁家要办大事就先给谁。在经济拮据的年代，这种强行储蓄式的方法还真起点作用。这不，我家的自行车就是这样积攒起来的。

那时候，买辆自行车可是家里的重大基建项目。妹妹步琴、步茹用线钩织线套，给车穿上了衣服，父亲休息的时候把车擦得油光发亮。

有了自行车，我们就不用步行去钓鱼了，去钓鱼的频率也高了起来，父亲经常骑车带着我和弟弟去郊外钓鱼。现在回想起来，当年父亲之所以热衷于钓鱼，一是当时的业余生活实在单调，二是钓鱼多少可以为拮据的生活增添点荤味。

说到父亲带我钓鱼，还有一件趣事：我八岁时的一个夏天，父亲带我去信江对岸的一个小池塘钓鱼。烈日炎炎的天气突然大变脸，一时乌云翻滚，天昏地暗，电闪雷鸣，下起了倾盆大雨。久久不起钩的局面顷刻间大转折，手掌大小的鲫鱼蜂拥而至，匆匆咬钩。我们父子二人手忙脚乱，连把鱼放到篓子里的时间都没有了，下了钩就将鱼扔到脚下的菜地里。不到一个小时的时间，脚下的菜地上白茫茫的一片，到处都是我们钓上来的清一色的鲫鱼。我斗志正旺的当口儿，父亲过来轻轻对我说："可能是碰到鬼了，我们不钓了，赶快回家。"我诧异地望着父亲，看到他满脸的严肃紧张，就赶紧收竿子打扫战场。

很多年以后，我还拿这件事情和父亲开玩笑："那时的你就像乞丐捡到100万元，以为遇到鬼了，拿了10块钱就走，难怪我们家发不了财。"父亲开心地一笑："见好就收，见好就收。继续钓下去，我们父子弄得不好都让雷劈死了。"回想当时的情景，父亲这句话还真有道理。估计是受父亲这句话的影响，我人生很多时候都没有"继续革命"，而是采取见好就收、收手避灾的策略。

下乡、当工人、考大学、读大学、工作，我奔波于生计与前途，慢慢地把钓鱼这一趣事给淡忘了。评上教授了，小孩也大了，闲余的时间逐渐多了起来。在同事的带动下，我又购置渔具启动了钓鱼这老爱好。

现在的周末，我时常会约上几个朋友，去郊外钓一上午的鱼。回来以后，就会感觉心情特别好，大脑就像洗刷了一遍特别地放松、清醒。

不计较收获，只要往水塘边一蹲，那种感觉，那种滋味，那种满足，那种享受……真的很好。正如我在深圳盐田港钓鱼时写得那样：

> 独钓茫茫大海中，
> 洗心涤肺乃初衷。
> 不求多少鱼上钩，
> 只享心静几分钟。

钓鱼需要耐得寂寞。钓鱼的过程就是静心等待的过程，静若处子，动若脱兔；钓鱼需要因地制宜，察地形、选钓点、变钓术；钓鱼需要顺势而为，不可强力；钓鱼需要吃苦耐劳，日晒雨淋，苦中寻乐。

我认为钓鱼的过程是修身养性的过程，是制造快乐的过程，是男孩子成熟长大的过程。

我时常回忆父亲带我去钓鱼的情景。1985年我在中央党校学习的时候，写了一首颇有童趣的小诗：

> 太阳还没有起床，
> 热闹已洒满码头。
> 爸爸牵着我的小手，
> 身后跟着我的小狗。
> 学着爸爸的样子，
> 轻轻放下钓钩。

浮标牵着我的眼在水里走，
鱼儿牵着我的心在河里游。

很多次，我都想培养儿子钓鱼的兴趣，就像父亲当年培养我一样。可惜，李梦舟这小子，像多数大城市的孩子一样，周末的时候就关在自己的房间，开着空调、吃着零食、喝着饮料，上网、打游戏、看 NBA 转播……对钓鱼这种晒太阳、寂寞独守的活动没有丝毫的兴趣。

没有办法，我的钓鱼事业没有了接班人。每每要动员儿子去钓鱼时，我都会重复自己的怪论："男儿不可不钓鱼。""为什么？"面对儿子的反问，我也说不出个道理来。

母亲：儿子唯一可以终身撒娇的人

我的妈妈徐玉梭，称得上典型的江浙美女，典雅、清秀、温和、能干，是我此生唯一可以终身撒娇的人。

外公、外婆的家在一口小水塘边，塘边很有文化品位地铺上了青石条，盖了座小石亭。1932 年 12 月 22 日，妈妈就出生在浙江永康的这个小村庄。我很少听到关于妈妈小时候的事，略略知道外公家的日子过得比较殷实。妈妈比大舅大十多岁，因而过了十几年独生女的好日子，自然没有多少苦大仇深的故事。

爸爸有个姑姑嫁到了外公那个村庄，在妈妈 18 岁（其实是 16 周岁）那年为我爸妈做媒，两人几个月后就结婚了。爸妈结婚三年后，来到了江西鹰潭谋生计。

妈妈结婚八年没有生育，1958 年才生下我。"八年不生，生下你后我是多么高兴啊！"妈妈在去世的前三天，说这句话的时候，眼睛里还闪着难以言表的喜悦、激动和骄傲。

妈妈小时候读过三年私塾，写得一手清秀的毛笔字。我记得小时候，妈妈教我写字，妈妈教我唱歌，妈妈总是把我穿戴得让小伙伴忌妒。记得上小学一年级的时候，妈妈用爸爸的铁路呢子制服为我改做了一件呢子上衣。那件立领、藏青色、铜纽扣的衣服，让我在全班乃至全校同学面前大放光彩。一位女老师说："你家很有钱，这么小就穿呢子衣服了。"那情景，现在都历历在目。

我属于懂事的孩子，在我的记忆里几乎没有挨过妈妈的打。唯有一次让我终身铭记。

在小学四年级的时候，我养了一批蚕宝宝，妈妈也很是喜欢。由于养殖规模过大，蚕宝宝的口粮越来越紧张了。在邻居大孩子的带领下，我们几个孩子晚上八点多钟出发，潜伏在几棵大桑树的附近，到深夜就摘了满满一米袋的桑叶回来。估计在深夜一点钟，我才回到家。温情的妈妈那晚咆哮了起来，用鸡毛掸子将我一顿狠打。不知道我一贯的诚实、守法、正气的为人作风，与妈妈赐予我的这顿"鸡毛掸子"有无直接的关系，但它让我终身铭记。

与同龄人比起来，我小时候的生活还是比较"小康"的。妈妈不知道有啥本事，总能让我们兄妹五个吃饱，一个月总能让我们有几次端着饭碗到邻居家显摆吃好菜的机会。用肉票买斤把肉，加上豆腐、红薯粉，妈妈可以炸一大盆的肉丸子；我和父亲钓来一两斤鱼，妈妈可以让我们几天都吃上又辣又咸的鱼冻。勤劳治家，妈妈绝对是高手。

下乡插队、考上大学、参加工作、成了家，我和妈妈在一起的时间越来越少了。自我奋斗目标、小家庭在我心中的分量慢慢占据主导，对母亲只是一种遥远的思念。

一晃三十多年过去了。

2007年国庆节，二妹步茹打电话来说妈妈不吃饭，经常口吐黄水，还不愿意去医院，我心急如焚地立马驱车赶回家。

在她细心嘱咐妹妹帮我铺床的时候，我发现她的声音微弱了。她那曾经清秀美丽的脸庞已经灰色满皱，她曾经敏捷小巧的身子已经不听使唤了，连眼神也茫茫然起来。在我规劝下，妈妈到医院做胃镜检查，结果是胃癌晚期。

我将她接到南昌，安排到江西肿瘤医院住院、动手术。在准备手术之前，我将她接到我红谷滩的新房子住了几天。我担心她难以渡过手术这一关，我要让她在我刚刚搬进的新家中享受几天。

手术的头一天晚上，我彻夜不眠。妈妈和我在一起的每一幕，像电视连续剧一样，整夜地在我脑海中播映着。我跪在床前，祈祷上天保佑我亲爱的母亲能度过生命的这道坎。这一夜，我痛哭了不知多少遍，可以说是记事以来流泪最多的一次。

胃全切除手术很成功。她苏醒过来后，望着守望的我们，说："你们放心，我会好的。我要和病斗一斗。"几天后，遵照医嘱，她给自己下达了任务：每天走多少步。她忍着伤痛坚持着，她用虚弱的身体抗衡着。

每年春节我都是在鹰潭、在我母亲身边度过的。2008年的春节，母亲第一次在南昌我的小家庭过年。我将远在老家的舅舅、小姨请来，将弟妹们全部聚集到南昌，一大家人欢快地度过了一个春节。

妈妈出院的时候，医生告诉我："你母亲估计只能再坚持一年，若能坚持两年那就是奇迹了。"我要在妈妈最后一年多的时间，来弥补离开妈妈三十多年而缺失的回报。出院的时候，我在南昌五星级的酒店开了一个套间，让她能够在暖气充足的地方洗澡；她回到鹰潭后，我每个月都要回家陪她住上一晚；在家的时候，我总要和她同枕睡上一两个小时。

在她去世前的两个月，我基本上就在鹰潭住着。我尽量多在妈妈身边躺躺。我经常抚摸着妈妈的头发说："妈，不怕，会好的。"奇怪的是，历经磨砺、见过世面的我，在妈妈身边说话时竟然还会像孩子般地撒娇。

妈妈去世的前两天，我睡在她身边，握着她瘦得不能再瘦的手聊着天。妈妈用微弱的声音说："步超，你带我坐过飞机、坐过地铁、住过五星级宾馆，东方明珠塔我也上去过，庐山你也带我去玩过了。你们这些子女对我这样好，我没有不满意的了。"

在最后的日子里，她已经不能自己翻身了。我大妹步琴、二妹步茹 24 小时在她身边照顾着。晚上我坚持要来照顾她，但到了凌晨，妈妈就一定要我去睡觉："你睡眠不好，下半夜一定要去睡觉。"母亲，在她临终的时候，都在呵护着我……

母亲，是在我怀里去世的。

2009 年 7 月 14 日，晚上 8 点 14 分。我亲爱的妈妈，用一种期盼我拯救的眼神望着我，慢慢地闭上了她温情的眼睛。那曾经孕育我生命的身体，在我的怀里慢慢冷却。我紧紧抱着她不松手，我亲吻着她渐渐冷去的额头，我想再听她叫我一声乳名，我想再听听她的笑声，我想……

美丽善良的妈妈、智慧勤劳的妈妈、坚强耐劳的妈妈，就这样离开了我。她没有给我太多的回报时间，她不愿拖累我们太久。

男人也需要撒娇，但成熟男人，只能在妈妈面前撒娇。妈妈，是我唯一可以终身撒娇的人。

想念母亲，追忆母爱，写诗一首，以铭恩情：

妈妈的爱

——献给我的妈妈徐玉梭

小时候，
妈妈的爱，
是她天天拂在我脸上的长发。
就像春风拂柳，
让我慢慢懂事长大。

长大后，
妈妈的爱，
是我出门时她担忧的泪花。
无论春秋冬夏，
让我自信走天涯。

成家后，
妈妈的爱，
是她重重复复的问话。
总有那么多担心，
让我总像顽童没有长大。

到最后，
妈妈的爱，
是她坟前的竹影青娑。
竹叶柔情拂脸腮，
让我又找到了小时候的妈。

懵懵懂懂那些年

1964 年，我还不到报名上学的年龄。在我胡搅蛮缠和父亲的苦苦央求下，鹰潭一小的老师接受了我的报名。我，背起书包上学了！

母亲用父亲的铁路呢子制服，为我改制了一件上衣。藏青色呢子料，铜色铁路扣，让我在同学面前神气十足。记得语文老师很多次地羡慕："你们铁路的崽俚就是好，这么小就穿呢子衣服了。"我到现在，都还能够回忆起当时那种甜甜的心情。

1963～1966 年，是我国国民经济发展比较好的一段时期，是我家的日子过得比较好的阶段，也是我幸福指数和快乐指数比较高的一段时期。

那时候，读书真是一件幸福的事情。我每天早上起来，自己炒一碗油炒饭，吃完就背着书包上学去了。我带着爸爸做的陀螺，课间和同学玩耍一阵；放学了，我们几个一般大的小伙伴，结队到公园来个滚铁环比赛；玩累了，就钻进公园那几棵千年古樟的树洞里歇息；春天，老师组织我们到公园去拔草，然后各班的同学将拔的草堆集到一块儿，说是送给农民做肥料；音乐老师眼皮上长了疤痕，鹰潭话把有这种特征的人叫作"欠子"，当她教我们唱"千山那个万水呀连着天安门……"的时候，全班同学特意大声地把"千"唱成"欠"，然后发出一阵让老师莫名其妙的笑声……

美好的日子很快就结束了。我读二年级的时候，"文革"开始了，我们停课闹革命了。高年级的同学到各地去"大串联"，学校变成串联接待站，大批的红卫兵住进了教室，睡上了课桌。我们这些低年级的学生可开心了，天天在家游荡，无所事事。整天就是滚铁环、下西瓜棋、钓鱼……

闹腾了一年多的时间，我们才"复课闹革命"，重新回到了学校。那时候没有多少娱乐活动，看电影也就是"三战"（《地道战》、《地雷战》、《南征北战》）和《列宁在 1918》等寥寥几部。

娱乐是人类的天性，各种艺术、体育活动都是人类闲得无聊时娱乐天性的产物。我们这些孩子在那个闲得无聊的年代，就制造了不少娱乐的活动。

跳绳、踢毽子、收藏糖纸这些女孩子玩的东西，我们不屑一顾。滚铁环、扑香烟盒、打弹子这些广泛普及的游戏，我们也不是太热衷。我们玩得最多的，是我们铁路子弟根据自己的资源优势发明的"打铁板"。鹰潭铁路车辆段有很多冲床加工下来的钢板、铁板边角料，圆圆的，三五公分左右的直径，手感也很好。我们到车辆段的垃圾堆去搜集，当成宝贝一般拿回家。玩的时候邀上小伙伴，以剪刀石头布来决定谁先当第一目标方。第一目标方先将自己的一枚铁板掷出若干米的距离，后者就用自己的铁板瞄准对方的铁板击去。击中目标，对方的铁板就是战利品。击不中，自己的那块铁板紧接着就是对方的攻击目标，如此循环……胜利者不仅手法要好，击中目标准确率要高，还要保证自己的铁板抛掷出去后，没有击中目标时能够远离对方的铁板。

习惯成自然，这个游戏玩多了，扔东西的手感就特别好，抛掷目标的准确率大大提高。有一次，我和几个小伙伴走到一个池塘边玩耍，我捡起一块石子，对着池塘中间戏水的一只鸭子抛掷而去，正中鸭子的头部，把那只可怜的鸭子打得在池塘里不停地打转转。我和小伙伴吓得撒腿就跑，生怕鸭子的主人发现后找我们算账。

模仿电影的某个桥段做番表演，也是我们的一种娱乐方式。下面是我五年级时校园生活的一段场景：

我背着只有两三本课本的书包，走进鹰潭铁路第一小学的大门。还没有走多远，就看到教室门前一大群同学围着几张桌椅起哄。我知道，这肯定又是班上的同学在玩模仿电影桥段的游戏。

我挤进人群，看到班上同学石秋宝正在和几个人拳打脚踢，还用上了摔跤的土法子——这肯定是在演《列宁在1918》。

一阵摔打后，石秋宝挣脱围打他的人群，爬到叠起来的两张课桌上，大喊一声"瓦西里！"后奋然跳下。大家一阵哄堂大笑，并混合着非常热烈的掌声。

"让列宁同志先走！让列宁同志先走！"一位个子高挑的同学扮演着瓦西里拨开人群大声喊道。另一个小个子、有几分帅气的同学扮演着列宁跟在后面，他用手掌将头发向后捋了几下后，有模有样地走进人群。

他一只脚踩在课椅上，一只脚踏在课桌上，左手撩开外套，倾斜着身子，右手激昂地挥动着："同志们！同志们！牛奶会有的，面包会有的……"估计是地面不平、动作又过大的缘故，课椅晃动了一下，他摇摇晃晃差点从桌子上摔下来，这又引得大家一阵哄堂大笑。

这时候，一名女同学扮演的刺杀列宁的女特务，用手比画着射击动作。旁边的同学用扫把把手使劲敲打了三下课桌，算是发出了三声枪响。那位"列宁"同学捂着胸部，这回是真的从课椅上摔了下来。

大家又报以热烈的掌声。

这是隔几天就会重演的保留游戏。在文化娱乐极度匮乏的岁月，无论是表演的、看表演的，对这种游戏都乐此不疲。

由于学制改革，我混完了五年级就直接升初中了。

初一的第二个学期，学校组织我们到鹰潭附近的刘家垦殖场摘茶叶。我们步行十多公里，花了快一天的时间，才来到一个偏僻的小队。全班同学男生、女生各一房间，在地上铺上稻草就打好了地铺。十一二岁的我们，都是第一次离开父母过集体生活，很是热闹。第一个晚上刚熄灯不久，女生房间先是传来一个人的哭声，然后就演变成"大合哭"："我想妈妈！""我要回家！"男生则隔着墙对着女生冷嘲热讽，大家相互间打打闹闹，很是开心。但第二天醒来就垂头丧气了——十来位同学尿床了。

初二的时候，我们班在学校围墙边开了块地，在老师的带领下种棉花。别说，我还真学到了些种棉花的技术。

读高一的时候，我们班到鹰潭车辆段学工两个月。我跟着工人师傅学钳工，还自己制造了一把榔头。学工结束后，我模仿当时流行的马季大师的《友谊颂》，写了个反映学工生活的相声，上台在全校演出。但是效果不是很好，好像没有赢得多少笑声。

高中毕业，我不满17岁，就到农村去接受贫下中农再教育，自己挣工分自立生活了。

九年的中小学学习期间，只有一、二年级接受了正规的教育，加上邓小平"右倾翻案风"期间，我们又认真读了一年左右的书，其他的日子都是学工、学农、军训。总之，中小学的学习生涯，我是在懵懵懂懂、嘻嘻哈哈、轻轻松松、玩玩耍耍中度过的。

按照平均寿命计算，"文革"十年，几乎消耗了我们这代人八分之一的生命。6～16岁，可是我长身体、学知识最为关键的十年，我被耽误了。

为了弥补这十年的耽误，我付出了巨大的努力。

下乡插队四年，我回城当了建筑工。要参加高考了，对着天书一般的复习资料，只能够从真假分母通分开始复习数学，从汉语拼音、改病句开始复习语文，历史地理我一节课都没上过，英语只是在邓小平"右倾翻案风"期间学会了26个字母，学会了说 Long Live Chairman Mao（毛主席万岁）……这样的底子要在只有万分之几录取率中中榜，真是登天一般的难度。怎么办？只有拼！我白天上班，晚上两点以前是绝对不睡觉的……

大学四年，我课余时间基本上是在图书馆度过的，几乎把图书馆的所有藏书都翻看了个遍；参加工作后的二十多年中，我几乎都是在一两点才睡觉的……

弥补十年的耽误，我们这代人用了近二十多年的时间。而且，很多东西是弥补不回来的，更何况很多人已经失去了弥补的机会。

中国，别再让这样的十年重演。

我的小伙伴

少儿时期，我有几个玩得相当好的小伙伴，至今我还珍惜着这份友谊。

苦命的王茂才

"王茂才死了。"

那天，我因夜里写东西熬夜，凌晨两点才睡。

大清早，一个电话把我从梦中惊醒，传来一个妇女的抽泣和惊天噩耗。费了好大的功夫，我才弄清楚，打电话的是我童年时期的好朋友王茂才的妻子，她说："茂才和往日一样，凌晨四点到他包干的马路上扫地，被一辆汽车撞了，当场就死了。"

听此噩耗，我流下了眼泪，并令我弟速去他家中帮助处理有关事情。

王茂才是我的发小，比我小一岁。他矮墩墩的个子，方方的脸，一双眼睛总是放着兴奋的光彩。

我家住在鹰潭大码头的时候，他家就住在我家对门。在我六七岁时留下的记忆中，他父亲是个裁缝，高大威猛，标准的国字脸，梳着毛式的发型，很有气势。王茂才的母亲身材矮小，一副弱弱的样子。王茂才有个哥哥，比我大三岁，长得像他父亲。

我和茂才天天在一块儿玩耍，从来都没有红过脸，更别说打架了，相处得和亲兄弟一般。我虽然比他大一岁，但他野外玩耍的能力比我强。他带我去信江边玩水，带我从江边的山脚爬到鹰潭公园去……

我说王茂才是苦命的人，是他年轻的一生承载了太多的痛苦：八岁左右的时候母亲病死了，十几岁的时候父亲病死了，二十几岁的时候哥哥病死了。自己没有亲人了。

我母亲对茂才特别同情，经常会让我叫他到家里来玩和吃饭。我家搬到鹰潭东站后，他也经常到我家来玩儿。我弟弟步强三四岁的时候，茂才还把他举起来放到他脖子上："骑马啰！骑马啰！"一跑就是半小时不停歇。

我在建筑公司当架子工的时候，他在鹰潭搬运公司拉板车，经常在工地碰到。每次见面，他总要像领导干部一样紧紧握住我的手，嘱咐我注意安全。我读大二那年，他结婚了。可能是自己没有了亲人想多添亲人的缘故，也可能是前面生的是女儿的缘故，他结婚五年生了三个孩子。后来他下岗了，再后来他在政府的照顾安排下，当上了清洁工。

一年春节回家，上街的路上碰到他。他放下担子跑过来，紧紧握住我的手，激动地拉我到他家里去。

一路上，他告诉我现在过得很幸福，老婆勤快善良，三个孩子聪明健康，老大初中快毕业了，准备让她考技校，自己每天早上四点钟就起来搞卫生，为了早点干完活好干其他的事情，老婆也经常来帮忙。六点将一天的活干完后，老婆就回家烧早饭，他自己去市场卖菜。"一个上午就上了两个班挣了两份钱，收入还蛮好，养活一家人够了。"他的双眼还是那样放着兴奋的光芒。

我责怪他结婚、生孩子都不通知我，他憨憨一笑："你在南昌那么远，又是省委机关的，我就没叫你。但我结婚的时候，请了你妈妈来代表我家里人接新娘子的，她还送了礼，我都不好意思。"

在他简陋的家里吃了午饭后，我把身上带的上街买东西的钱，给每个孩子包了个小红包，真心地祝福他们。

他找我帮她女儿读中专技校，我完成了他交给我的任务。除此之外，我没有主动关心、帮助过他。

我为四十几岁的他就这样早早地结束了苦命的一生而惋惜。

我为没有主动去关心、帮助王茂才而内疚自责。

我的兄弟叫永强

刘永强是我搬家到东站铁路职工宿舍以后认识的。他比我大两岁，是我转学到铁路一小后的同班同学。

刘永强瘦高的个儿，生性腼腆，一说话就脸红，为人友善，与我相处得如兄弟一般。

他两三岁的时候，母亲就去世了，是他三个姐姐，主要是二姐带大的。他二姐住在我家对门，我俩又是同班同学，因而几乎整天处在一块儿。

每天早上，他在二姐家吃完饭，就来我家叫我一块儿去上学。刘永强三个姐姐都出嫁成家了，他父亲膝下就他一个独生子，因而刘永强的零花钱在我们这些孩子里是最多的。在我们去学校的路上，有个铁路物资供销站（其实就是铁路办的商店），刘永强经常带我去买点吃的。记得当时有种面点叫"泡饼"，它松松软软的，比饼干水分重些，比馒头水分又少些，上面还撒了些芝麻。几乎是每个星期，刘永强都会带我去供销站奢侈一次。若是买"泡饼"，我们都会准备好一张纸或书本，让服务员将"泡饼"放在上面，目的是别让沾在"泡饼"上的芝麻跑了。走出供销站，刘永强会小心翼翼地将"泡饼"轻轻掰成两半，慢慢地递给我一份。那几粒落在书本、纸张上的芝麻，刘永强基本上都会让给我。夏天的时候，路边买根三分钱一根的冰棒，也是你一口我一口相互让着享用。

我们国家在珍宝岛和苏修（那时候称苏联为修正主义，称美国为帝国主义）打仗的时候，全国搞"备战备荒"，我和刘永强一块儿挖了地洞（其实就是个散兵坑）；每个月都有几天我俩半夜起来，拿着钱和肉票、豆腐票，一起到铁路供销站去排队买肉、买豆腐；类似中国发射成功第一颗人造卫星啦、毛主席发表重要指示啦、九大召开和闭幕啦，往往都会在夜里举行庆祝游行活动，我俩总是结伴而行、相互照顾；附近的解放军184医院要放电影了，他带着比我小四五岁的外甥，我带着弟弟步强，大家拿着小板凳结伴同行。看来看去，也就是《地道战》、《地雷战》、《南征北战》和几个样板戏，我们都不知道看了多少遍了，连每句台词都会背了，可我们还是乐此不疲。去晚了，没有地方了，我们就坐到银幕的反面去看，还是那么津津有味。我俩是形影不离的好兄弟。

1970年以后，我们要上初中了。我和刘永强去看分班名单，结果我俩没有分到一个班。"不行，我俩不能分开"，我带着刘永强就去铁中找到管教务的老师，要求我俩必须分到一个班。几经哀求，这老师还真的同意了，就这样，我俩初中、高中又同学了四年。

1971年，车站分了一间房子给刘永强家，让我特别高兴的是刘永强的家就在我家附近，步行只要十来分钟。

刘永强搬家不久，就跟我说："爸爸上晚班的时候，我一个人在家睡，有点怕，你能不能带弟弟睡到我家来陪陪我。"征得母亲的同意后，我每三天就去他家住一个晚上。忘了从什么时候开始的，陆陆续续增加了老罗等几个小伙伴。那时候我在偷偷地看《水浒传》，每次到刘永强家睡觉的时候，就成为我的专场说书会。在那"文革"的年代，这个说书会锻炼了我的口才，也在一定程度上提升了这些小伙伴的文化水平。

高中毕业后，我下乡了，刘永强按独苗可以不下乡的政策留在了城里，后面顶职在鹰潭车站工作，生活得很是滋润。我回鹰潭后还常常会聚在一起。

我要挣钱

《红灯记》里有句台词："穷人的孩子早当家。"我很小的时候，就有了当家的意识，也想尽自己的力量帮助父母料理家事。我不知道，是自己身上流着财富欲望极强的浙江人血液的缘故，还是那个物质匮乏的年代催生了我对金钱的追求欲望的缘故，我很小的时候就对挣钱有着极强的欲望。

柜台下发现小金库

八岁的时候，我去商店帮妈妈打酱油。售货员将找零的钱递给了我，因急着赶回家，装钱到口袋时，慌乱中把一枚硬币掉地上了，眼看着这硬币慢慢地滚到柜台下面去了。我趴在地上，借着柜台两边透过来的微弱光线，想找回那枚硬币。嘿，找到了，不仅找到了，我发现柜台下面还有两枚硬币。我贴着地面，伸出小手，把它们都收入囊中。回家的路上，我一算账，我掉的硬币是一分钱的，拣到的硬币是五分钱的。"发财啦！可以买一根冰棒，两颗上海小白兔糖了！"

我把这个挣钱的秘密告诉了小伙伴王茂才。从此以后，我俩经常上街进商店，趁人多或售货员打瞌睡之机，趴在柜台下面找发财的机会。起先，我们的战果还是不错的，有一次，竟然拣到了一毛多钱。但鹰潭就那么点点大，又没有几家商店，原来效果比较好，可能是几年甚至十几年积累下来的。可被我俩扫了一遍后，战果寥寥无几。可能是因为我经常穿着干干净净的衣服出门，满身污垢地回家，引起了妈妈的注意。在她再三逼问下，我坦白了这个挣钱的秘密，被妈妈制止了，我也就洗手不干了。

拣废品

初二的时候，我发现几个年纪大点的邻居伙伴在把一些玻璃碎片拣到家里来。一问，原来他们是拣来卖的。我想：他们能拣玻璃挣钱，我也能。可到哪里去拣呢？嘿！有了！记得以前到铁路沿线玩的时候，那里有很多列车上旅客抛下来的瓶瓶罐罐。我赶紧行动起来，找了个筐子，跑到客车通过的专用轨道那里去挣钱了。

战果果然不错，没有几天的工夫，家里就堆了一大堆。那几个邻居来取经，我缄口不言，保守秘密。就这样，一个多月的时间，我挣到了五毛多钱。

后来，我发现那几个大点的孩子改变了方向，去编组站拣火车皮维修时掉下来的金属碎片了。我这边拣玻璃的业务不行了，也就学着他们的样子行动。不知道什么原因，在这个领域，我始终没有他们的业绩好。为探索究竟，我尾随而行。不久就发现了其中的秘密：我是等工人维修完成后再去拣，他们是在工人维修时，就站在旁边看，趁工人忙碌之机，几个人打配合，将工人回收到工具车里的金属碎片藏到其他地方，等工人们撤了，再拿回家。这不是偷吗？妈妈知道后会骂的，我决定不干了。

抬块石头，挣五厘钱

我高中的一个暑假，在小伙伴刘永强家认识的老罗来找我，说有一个挣钱的事情，问我愿不愿意去。我一听，就答应了。

第二天，我和拿着一根杠子（截段毛竹做的抬东西的工具）和一幅铁链子的老罗，在约定地点见面了。随即，他带我往鹰潭采石场方向走去。到了采石场，他指指一个已经开采了有 15～20 米深的作业面对我说："我俩就是从下面把石头抬上来，一分钱一块石头，挣到的钱，你一半我一半，怎样？"

"有钱不挣是傻子！干！"我毫不犹豫。

老罗和工头略交涉后，就带我下到作业面干了起来。我俩抬着一块 50 斤左右的红石，沿着弯弯曲曲的木跳板，慢慢地爬上 15～20 米高的堆放点。一开始，还是比较轻松的，但远途无轻担，没有干到一个小时，我就感到吃力了，满头大汗，气喘吁吁，双肩疼痛，脚也开始发软。

老罗见状，提出休息一下。他把水壶递给我，我深深地喝了几口水后，做了几个深呼吸。十来分钟后，我觉得这样休息下去不行，提议：接着干！

就这样，我干了一天，抬上来近180来块红石，每人挣了八毛多钱。这是我第一次挣这么多钱，心里那是非常高兴的。回家的路上，我抚摸着红肿的双肩，迎着夏日的晚霞，唱着《打靶归来》回家了。

瞒着母亲，我第二天又去了。我的肩膀都已经磨破了皮，肿了起来。老罗为了减轻我的压力，尽量地将那捆红石头的铁链往自己方向拉，可我还是吃不消了。但我咬着牙，噙着泪，拼命地坚持着。我们休息的频率越来越高了，休息的时间也越来越长了，一天下来只抬上来了120多块红石，只挣到六毛多钱。

第三天，我正准备出发。在家休息的妈妈发现我的问题，在她的逼问下，我坦白了抬石头挣钱的事情。妈妈扒下我的长袖上衣，看到我红肿的肩膀后，心痛得哭了。她流着泪为我擦上了红药水，并态度坚决地制止了我。

我的挣钱计划又流产了。

跟着爸爸"投机倒把"

上面几个挣钱的事情，都在妈妈的反对和干预下终止了。但跟着爸爸干些"投机倒把"的事情，却得到妈妈的长期支持和鼓励。

1973年我读高一，快过年的时候，爸爸对我说："今天晚上，我们两个人去金华一趟。我在金华的战友（我知道，那是他在县剿匪大队时的战友）的儿子要结婚了，我给他送点东西去，你一起去帮帮忙。"

晚上，我们父子两人各扛着一副铺板（杉木床板），坐上了东去列车的守车（运货火车的最后一节工作用车厢）。车厢里烧着一个煤炉，很暖和。父亲一会儿向工作人员递香烟，一会儿往火炉里加加煤，很有点讨好人的意思。

我则靠在车上闭目养神，心里嘀咕着："这次爸爸肯定又是去搞投机倒把的。这样的事情都好多次了。到金华去，不是鼓捣些冬笋，就是鼓捣些铺板。等回鹰潭的时候，带回来的肯定是猪肉。还想骗我，说什么送给战友的……其实我都知道，也晓得这叫投机倒把，会有人来抓的。但每次回到家，都有很长一段时间可以吃到猪头肉，可以吃到妈妈做的肉丸子……"想想这些，我的口水就流了下来。望着爸爸用一种讨好的脸色和那位称作车长的人聊着天，心里又充满一种敬意：我的爸爸比别人的爸爸能干……

到了金华车站，我父子两个各扛着一副铺板向市区走去。我那时也就 15 岁，个子又小，扛着一副铺板走那么远的路还是很吃力的。父亲不管这些，还在一边催促我："快点，碰到巡逻的就麻烦了。"

我咬着牙，跟着父亲走进了市区，在一个僻静的地方停了下来。父亲让我原地歇息，自己扛着副铺板走了。大约半个小时后，他空着手回来了，还带来几块金华酥饼给我吃。

"步超，你在这里等我。我把铺板送到后，就到这里来和你碰面。"爸爸说完又走了。

几次跟爸爸来干"投机倒把"，他都是这样的安排。我晓得，当他再回来的时候，肯定又是带半边猪肉让我在这儿守着，再返回去取回另外的东西。我在车上时就想好了：每次来都没有看过父亲是怎样换来这些东西的，这次一定要探个究竟。

我答应了父亲。等父亲扛着铺板走出一段距离后，我就边咬着酥饼，边悄悄地跟在父亲后面。父亲由于肩上扛着铺板难以回身，我大摇大摆地跟在后面他也没有发现。

出乎我的意料，才是凌晨五点钟不到的时间，一条离火车站不远的小巷里竟然这么热闹。我现在想起来，那应当是父亲这样的"投机倒把分子"活跃起来的黑市。

父亲放下铺板，跟一个人交谈了一会儿后，从那人手里接过钱数了数，转身就发现了东张西望的我。他拍拍我的肩膀，没有说什么，拉着我就去买猪肉了。

买猪肉的时候我弄明白了父亲的生意经：金华的猪肉是六毛四一斤，鹰潭的猪肉凭票定量供应是七毛八一斤，爸爸挣得就是两个地方同一种商品的差价。在凭票定量供应的年代，他的工友到我家里来平价买到这些猪肉，还得再三感谢他；我陪爸爸到福建买铺板、冬笋的价格，远远低于金华的价格，爸爸又挣了铺板、冬笋的钱。但我也奇怪，这么声势浩大的"投机倒把"，当地竟然没有人管。现在想来，那时候的浙江，思想就比我们江西开放些。

荒废中的珍贵

职业生涯从农村开始，是我们这代人没有选择的选择。

1974年我高中毕业，职业的选择就是"一个面向"——面向农村，到"广阔天地炼红心"。12月，我的户口就正式迁往农村了。为了让我们在城里再过一个春节，正式的起程时间定在1975年3月17日。

那时一家只能有一个子女留城，其余全都上山下乡。我高中同班的54位同学，除了是"独苗"的同学留城外，全部上山下乡。鹰潭那时候是上饶地区所属的一个县级镇，我们铁路中学的毕业生几乎撒满了鹰潭各个公社的村村落落。

插队起程的头天夜里，一家人六神无主，只有母亲格外忙碌。她反复地收拾着我要带走的衣物，反复地交代我到乡下生活时应注意的事项。父亲则坐在一边一根接着一根地抽烟，平日健谈的他此时却是一言不发。从小就像影子般跟着我的弟弟步强刚刚上小学一年级，整夜地缠着我："我也要去，我也要去。"直到深夜他折腾疲倦了才睡着。

这一天，一家人起了个大早。吃完早餐，父亲扛着个红色小樟木箱走在前面，我拎着一个装着脸盆等杂物的网兜茫然地跟在后面。到了铁路大礼堂，十几辆卡车披红待发，高音喇叭放着激昂的革命歌曲。

一个简单而热闹的仪式后，父亲把我拉上一辆解放牌汽车，在口号声、锣鼓声中，汽车拉着稀里糊涂的、不满17岁的我离开了城市。我的职业生涯就这样开始了。

我曾无数次地问自己，当时的心情是怎样的？但始终没有答案。可能是自己虽然从小生长在鹰潭这个小城市，从小就常到农村玩耍，对农村并不陌生的缘故；也可能是下乡的地方距家只有几十公里，心理上有家这个可靠后方的缘故；也可能是当时大势所趋，万般无奈的缘故。当时的我没有激动、没有恐惧、没有留恋，茫然恐怕就是我当时的精神状态。

汽车行驶了一个多小时，停在一个红石头岭上，一群农民敲着锣鼓、拿着扁担欢迎着。

"下车!"鹰潭车站的带队干部一声令下,父亲搬着樟木箱领着我下车了。一个更简单的仪式后,开始分配了:"李步超、罗水根、甘仁红,到里屋大队延石生产队。"几个农民过来,用扁担挑起我们的行李,领着我们进村了。

这是一个非常典型的赣东北地区的小村庄,两个东西走向的丘陵,夹着100多亩水田,村庄坐南朝北,依着山势而建。村后是很有些年头的樟树林,村庄对面的一个小水库承担着灌溉的重任,一条进村的道路位居其中。看着这样的布局,一直处在茫然之中的我,竟联想起老师在课堂上介绍的省里确定的江西社会主义新农村的模式:"八字头上一口塘,两边水渠绕山旁,中间一条机耕道,新村盖在山边上。"我将要扎根的地方,倒是天然就符合这个标准。这一联想莫名地让我释然、舒畅起来,我活泼、健谈的本性也开始暴露出来,在进村的路上和甘仁红、罗水根玩笑起来。

我们三人的父亲将行李放下后,稍稍停留就随车回去了。在一大堆孩子的注目下,在房东的帮助下,我们三人挤进了一间十平方米左右的房间。三张床,一个粪桶,将房间装得满满的。

晚上,一盏煤油灯,点燃了我独立生活的首夜。

罗水根是我们三个人中的老大,长我两岁,是我的邻居和死党。我们报名(其实是登记)的时候,就要求下放到一个生产队。这个晚上数他最兴奋,唠唠叨叨到深夜。甘仁红是我初中、高中的同班同学,和罗水根不熟悉,性格也不是很活跃,因而早早就睡了。偏僻的乡村,漆黑的夜晚,小小的农舍,三个城市的学生娃,就这样在陌生的地方安家了。

第二天清晨,生产队长带着村干部来看望我们,并带来了锄头、铁耙一整套工具。寒暄片刻,就带我们到他家吃早餐。"按照公社的指示,你们前十天是吃派饭,也就是轮流到十户人家去吃饭。以后就自己做饭了,你们这几天把烧饭的东西准备下。队里给你们分了块自留地,等下我带你们去看看。"生产队长孔仁元一边吃饭一边安排着我们。

"今天你们就不要出工了,安排下家里的事情,会给你们记一天工分的。明天正式出工干活。"

好像是一个特意的安排,下乡第一天出工干活就击碎了我对农村生活的想象。估计是牛不够用,生产队让我随着民兵排长等十几个人冒雨用锄头挖田。半天下来,我双手满是血疱,人就像散了架的机器,一回到宿舍脸和脚都没有洗,我就倒在了床上。

在我昏昏欲睡的时候,一个年龄与我相仿的小伙子兴奋地冲进来:"我叫'捡妮俚',请你们到我家吃派饭。"我知道"妮俚"在鹰潭土话中的意思是女孩,"捡妮俚"的意思应该就是捡来的女孩子,一个小伙子怎么叫成捡来的女孩子？没等我嘀咕出来，人就被非常热情地拉进了他家。

一进门我内心陡然紧张起来。他的家如此黑暗、低矮、简陋、破烂，让我这个小城市长大的孩子十分惊诧。房子就是用鹰潭的红石垒墙而成的一间小屋，靠门的部分烧饭、吃饭、养猪，里面一点的地方铺着一张大床，床有四五米宽。所谓的床，就是在几块红石头上铺了几块木板，再垫了些稻草。床单是十几块五颜六色的布拼成的，可以说是补丁加补丁。几床被褥倒是叠得整齐，但每床被褥都裂开了口子，露出发黄的棉花。很明显，这张大床就是他们全家六七口人的蜗居。这是迄今我见过的最简陋的住家。

"捡妮俚"的父亲招呼我们在饭桌前坐下来，"捡妮俚"将我们三个做了介绍。他父亲连连咳嗽了几声："好，好，街上的崽俚来了，好。""捡妮俚"说："我爸爸得肺病好多年了，每年都要花不少钱治病。""没有什么好吃的，你们看吃得不？吃得就吃掉去。""捡妮俚"的父亲招呼我们。

我按照母亲的交代，等年长的他动了筷子开始吃饭后，我才端起了饭碗。我刚刚准备将第一口饭送进嘴里的时候，一滴水珠滴到我头上，我下意识抬头察看了下屋顶。"哦，忘记了房子漏雨。来，小李，换个位置。"我换了个位置，可还是有水珠滴到身上，只是每次滴水的时间比原先的缓了些。这回我没有做出察看屋顶的动作，只是将身子俯得更朝前些，任由滴下的雨水落在身上。我迅速扒完　碗饭后，匆匆道谢离开。

这顿饭让我记了一辈子：中国的农民活得真是不容易！

每家一天的"派饭"吃完了，要开始自己做饭了。我根据我们三个人的特点做了分工：老罗力气大又种过菜，负责自留地；我和小甘轮流做饭和配合老罗种菜。

前几个月，我们三个相处得还不错。

收工回来，老罗就去自留地，小甘洗菜我掌厨。饭菜基本烧好了的时候，我就吩咐小甘去叫老罗回来吃饭。小甘就会站在村头的大樟树下，将手指伸进嘴里，吹几声很响的呼哨。老罗按约定，若回三声说明马上就可以回来了；若回一声，说明还得有一阵子才能完工，小甘就会跑去支援老罗。

时间一长，在家不怎么干家务的小甘开始跟不上节奏了。

我和老罗是第一小队的，小甘是第二小队的。两个小队收工的时间有早有晚。我们队若收工早，我和老罗都会按照分工各干各的，而小甘若早我们收工回来，从来不会主动干家务，而是躺在床上吹那不着调的笛子，等我回来烧饭。我看在老同学的面子上，几乎没有责怪过小甘，默默地自己将活儿干了就算了。老罗是个耿直的人，看不惯就骂人，为这事情老罗和小甘闹矛盾了。我自然站在老罗这一边，我们三个"离婚"了，我和老罗单独起伙食，小甘挂单自己过着有一顿没一顿的日子。当然，也时常来我碗里蹭点油水……

一年后，大队将全部知青集中到大队农场，成立了里屋大队知青农场，我们三个都集中到知青农场去了。到农场后集体办伙食，指定了位女知青专门烧饭。农场食堂虽然伙食差点，但收工回来就有饭吃。种菜的活儿也不用我们自己干了，大队调派了两个农民来种菜。在这种条件下，我们三人又友好地相处在一块儿了。

在里屋大队延石生产队与贫下中农共同生活劳动的一年时间，我和农民结下了深厚的感情。农民的思维方式、生活方式潜移默化地影响着我。

我从一个做着画家梦的高中生，变成了一个耕、耙、犁各种农活儿都会干的标准农民。我已经被农民同化了。农民的质朴、宽厚、勤奋、容忍等品质，渗透进了我的血液；田野的日晒风吹，将我的肤色熏得像青铜一般；卷着裤腿、坐下来就脱鞋、喜欢蹲着说话，这些农民式的举止，在我当了教授、副厅级干部后也没有多少改变。我已经变得比农村出生的学生娃更像农民了。

2005 年，是我下乡插队 30 周年。春节的时候，我带着些糖果、水果和红包，回到里屋大队延石村。村里人告诉我："捡妮俚"现在发财了，带着村里一伙人在外面做建筑工程去了，现在家里起了三层的新房，家用电器一应俱全，还骑上摩托车了。看着农村在改革开放后发生的巨大变化，看着昔日的乡亲过上了好日子，我内心高兴无比。我真真切切地体会到：当年的政策是多么荒谬；制定出让老百姓富裕起来的政策是多么重要；改革开放让农民的日子好过起来了。

在本该读大学的年龄下乡当了农民，可以说是我们这代人最大的荒废。在价值观形成的年龄当了农民，深深地接触到底层社会，培养了勤奋吃苦的精神，构筑了和农民深厚的感情，可以说是我们这代人获得的最珍贵的财富。

我是个不喜欢过生日的人，到了生日那天，我也很少想起。可是，每年的 3 月 17 日，我都会记起：今天是我下乡的日子。可见上山下乡的岁月，铭刻在我心里的印记有多么深。

2015 年 3 月 17 日，是我下乡插队 40 周年纪念日，我自然地想起这个特殊的日子。我回忆当年的情景，写下《离家·插队》，以纪念自己迈出社会的第一步：

一阵阵

公式化的口号、锣鼓，
将我们拉出了温暖的家。

一滴滴

母亲无奈、担忧的泪水，
留不住自己十七八岁的娃。

一点点

徒然剧增的惆怅，
裹着我们稀里糊涂地离开了家。

一支支

满带不欢迎心情的欢迎队伍，
领着我们进村安下了家。

一盏盏

昏暗的煤油灯，
添加在拥挤的屋檐下。

一个个

稚气十足的少男少女，
迈着摇晃的脚步扶犁扶耙。

一天天

蹉跎的青春岁月，
消耗着如金年华。

一层层

手中的老茧开着辛苦的花，
勤奋的品德在心田渐渐长大。

一步步

胆怯的脚步开始稳扎，
翻山越岭独闯天涯。

我的恩师——马宏道

马宏道，一个标准的、中国特殊年代生产出来的全国著名油画家，一个对我人生有着重大影响的良师。

高中的时候，学校组织到弋阳县的龟峰春游。我被那里的奇峰秀色打动了，一种莫名的激动促使从不画画的我产生了画画的冲动。我向同学要了张从作业本上撕下来的纸，画了个山峰轮廓带回了家。回家后又买了些水彩颜料和纸张，画了第一幅"美术作品"——"龟峰春色"。记得在我画画的过程中，母亲大为赞赏："画得好，我步超真聪明，可以当画家了。"母亲一句不经意的夸奖，真让我萌生了画画的浓厚兴趣，甚至产生了当画家的远大理想。

我买了些纸张、颜料，开始胡乱地临摹报纸上的画，并揽下了班上出黑板报的活儿。鹰潭铁路中学几个出黑板报的同学，经常会碰到一起交流。其中一位叫余永康的同学说："我在鹰潭群众艺术馆学画画，有个马老师画画很厉害，我可以带你一起去学。"过了几天，在这位同学的带领下，我带着几张习作（其中就有那张"龟峰春色"）去拜见马老师。

一米八左右的身材，方方的、英俊而刚毅的脸庞，典型的浓眉大眼，自信而洪亮的嗓音，用今天的话来说，马老师就是一位标准的帅哥型艺术家。看了我的习作，简单的几句询问后，马老师同意我来学画画了。就这样，我结识了刚刚从浙江美术学院毕业，后来享誉全国、领衔江西油画界的马宏道老师，并在人生的道路上深受他的影响。

每周有一两个晚上，我们一群人，有工人、农民、解放军，更多的是我这样的学生，跟着马老师学着画素描、搞创作。不久我就注意到还有一些人，分别在另外几个房间里学摄影、文学、音乐。当时的鹰潭只是上饶地区直属的县级镇，但群众文化艺术活动搞得有声有色，很是热闹，也培养了一批人才。这真算得上办了一件功德无量的大好事。

在那个动乱的年代，我们一群无所事事的孩子在马老师的教育下，凝心静气地坐在画板前画画，减少了时代对我们这代人的负面影响。马老师对我们为人处世的教育和垂范，让我们这些孩子没有在那样的大环境下学坏。他教导我们"诗画相通"的道理，培养了我读诗、写诗的兴趣，更为关键的是，在那个"读书无用论"横行的时代，让我们一群人爱上了读书（尽管能够读到的书是那样的少）。

1974 年下半年，江西筹办 1975 年的全省少年儿童美术展。我不满 17 周岁，符合参展的年龄要求。在马老师的引导下，我报了三个选题。其中一个表现知识青年上山下乡题材的"第一页日记"被确定了下来。画面表现一名女知青在下乡的第一个夜晚写日记的场景。后来，这幅作品定名为《红卫兵新日记》。鹰潭群艺馆把我们几个集中起来搞创作。这样，我高中毕业等待下乡的几个月时间，都是和马老师一起度过的。对于刚刚学画画的我来说，与其说是在创作，不如说是在"战争中学习战争"。画出来的东西，与其说是我的第一幅作品，不如说是马老师把着我的手画出来的习作。后来，这幅作品参加了省少儿美术展，获了奖并在《江西日报》刊登。对此，我和马老师都认为这只是帮鹰潭争了光而已，没有太当一回事。

下乡后，我一直坚持学画画。晚上，人家打牌、戏闹，我就练习画画。一回鹰潭就到马老师那儿交作业，接受他的指导。估计是他考虑到我穷，买不起画素描的纸张，每次我从他那里回来的时候，马老师都会送些纸和笔给我。说句实在话，不是他的这种赠送，我肯定会因经济拮据买不起纸笔而放弃的。

马老师也会来我们这些学生的单位写生采风。记得我集中到知青农场后，马老师带着他的儿子马良在我的知青点待过一段时间。马老师和我们一起吃住，一起劳动。劳动休息的时候，马老师就忙着画速写。马良当时只有两三岁，马老师劳动的时候，就让他在田野里玩耍。为了防止马良出事，马老师就用绳子捆在他腰上，把他拴在树上。马老师离开我们知青点的时候，晒得和农民一样黑，带回了厚厚一叠的写生素材。

每每回想起这段生活，我都会对马老师以及他们这代艺术家产生一种崇敬。马老师是真正的艺术家啊。现在我认识的一些艺术工作者，哪里有这种艺术精神呢？天天泡在灯红酒绿之中，画一些毫无艺术水准的东西卖几个钱。这样怎么能创作出有艺术生命力的作品来？马老师的职业精神，对我后来从事经济理论研究都有着深深的影响。

马老师的爱人倪芳华，是我认识的第一位知识女性。倪老师手把手教我画工笔画，以及线条、渲染、裱画……她那典型的上海美女形象和知识女性气质，潜移默化地影响了我的择偶标准。我的爱妻还真和倪老师有几分像呢。

我不敢说在马老师身边学到多少画画的技艺，但培养了我的审美意识。可能是学画起步太晚的缘故，也可能是缺乏悟性的缘故，也可能是农村条件的局限，尽管我尽了最大的努力,但画画的水平后来就局限在初级水平上了。和我一起学画的彭建斌、郑光春等,都比我画得好,蔡鸣等师兄们更是把我远远地甩在后面。因而,他们也得到马老师更多的垂青。但我跟着马老师五年的时间,学会了构图、色彩,学会了欣赏美术作品,这是终身受益的。更何况,上大学后我自己琢磨着学山水画,那点"三脚猫"的功夫为我的大学生活增添了很多的乐趣。

马老师做过一件大好事,直接影响了我的职业人生。得知我过了大学录取分数线后,马老师要求我把报考志愿给他审查。我做过文学梦,本想当记者的,就把江西大学(现南昌大学)中文系作为第一志愿,把江西财经学院工业经济管理系(现江西财经大学工商管理学院)作为第二志愿。马老师看后,不和我商量,拿出他的钢笔,直接就在志愿表上将一、二志愿调换了过来。就这样,我走进了改革开放后第一批财经理论学者的行列。我终生记得他当时和我说的话:"现在是以经济建设为中心,而我国二三十年都没有经济方面的毕业生了,学经济更有前途。"是马老师的远见,使我的职业生涯如此顺利。

得到马老师调到南昌任江西美协副主席的消息后,我带着爱妻登门拜访。马老师用他那豪迈的笑声迎接着我们,并对我爱妻大大夸奖了一番。后来,他携倪老师到我家里来走访过几次。再后来,听说他回上海去了,从此我们就失去了联系。

想念您,尊敬的马老师。

人生最大的幸事,就是遇到良师益友。我为在人生旅途中遇到马宏道这位恩师而庆幸。

谢谢您,尊敬的马老师!

知青岁月那些事（一）

——吃的故事

时代给了我们这代人一段特殊的经历——上山下乡，也塑造了我们这代人特殊的秉性。上山下乡的经历在我脑海里留下了深深的烙印，而期间发生的一些事情，成为了我一生永恒的谈资。

当年，国人见面第一句话就是"吃了没？"类似于英语中的"Hi"、"Hello"。因为吃是当年每个中国人的头等问题，自然也是我们这群正值青春发育期、孤身于贫困乡村的知青们的头等问题。因而，在我的知青岁月中，围绕着"吃"发生的故事特别多。

1975 年 3 月 17 日，父亲单位的汽车送我们到当时的鹰潭市童家公社里屋大队。我和罗水根、甘仁红被分配到"延石村"。

我们到"延石村"的当晚，村里两个小队联合办了个大聚餐作为欢迎我们的仪式。事后我们才知道，这其实就是以欢迎知识青年为理由，让全村劳动力搞个集体会餐，改善改善伙食。会餐在我们小队队长孔仁员家举行。在屋内吃饭的就一桌人，两个小队的队长、几个村里的长者、三个先我们来的知青和我们三个刚刚来的知青。孔队长门前屋后支了很多张桌子，屋檐上挂起了汽灯（也称马灯），其他村民就这样站在外面用餐。

全村的劳动力这天都聚集在一起，费用由两个生产队出。估计是可以免费吃顿饱饭的缘故，到场的人精神饱满、斗志昂扬，整个村子都在沸腾，那场景绝对热闹。而我对这样的场景很是陌生，甚至有些胆怯。

尽管大家都斗志昂扬，个个虎视眈眈地盯着放在门前的饭桶，但都遵循着规矩，没有出现争先恐后的抢饭现象。两个队长稍稍讲了几句欢迎的话后，把我们三个叫到门前向全村劳动力做了介绍，接着就宣布开饭。

待几个长者慢悠悠地盛完饭，两个队长领着我们三个新知青去盛饭，接着就是那三个老知青盛饭，到这时就乱套了，大家大声欢呼、争先恐后、蜂拥而上，将蒸饭的几个木桶围得严严实实的，那场面真是火爆。

整个宴会就上了一道菜，菜名我到现在也叫不出来——少许牛肉（杀了一头老牛）加上大量的大米磨成的粉，汤汤水水的，加上辣椒、盐煮在一块儿，每桌一大脸盆。

盛饭的时候我像在家里一样，往碗里稍稍盛了点，就坐下来慢慢地吃着。等我走到门口的饭桶边想再盛饭的时候，饭就没了。"捡妮俚"见状从自己碗里拨了些给我，并开导起我来："街上来的崽俚就是傻。吃集体饭，第一碗要少添些，赶快吃，吃完就好添第二碗。第二碗就要添满点、按紧来，这就可以慢慢吃饭多吃菜了。"这是我"接受贫下中农再教育"上的第一堂课——怎样吃集体饭。

我在家协助父亲种过菜，但不知道什么原因，下乡后自己种的菜越种越小。菜荒是我们面临的一大危机。我们知青度过菜荒危机大致有以下途径：

一是讨。善良的农民时常会伸出援手，救济我们一些。记得一个邻居叫"罐俚"，是个因小儿麻痹症而有些残疾的人，年纪比我长五岁，家中只有一个多病的老母亲。他很善良，对我们几个知青很友善，时常会送些自家的菜给我们。

在没有人送的时候，我们就得厚着脸皮去讨，一般都会小有收获。集合到大队知青农场后，我们没有和人民群众在一起，讨的途径也就断了。

二是骗。我叫上几个小孩来："我会画画，帮你们画只公鸡、小鸟好不好？""好。"等到画出个基本模样来的时候，我就说："这张给谁？"引得小孩相互争抢。"谁到家里拿些芋头来就给谁，拿得多就送两张。"在竞争机制的作用下，几个孩子就把我们一周的菜荒问题解决了。

三是带。由于离家比较近，我们每一两个月都会回家蹭点油水，从家里带些便于储藏的菜来。常规菜就是梅干菜烧肉。家里从计划供应的有限猪肉中省下些来，等我们返乡的时候就让我们带回来。每一次回家，我们每个人都会抱回来一大坛梅干菜，基本可以解决一个月的吃菜问题。我是个没有忌口的人，但直到现在，梅干菜烧肉、扣肉我是不敢碰的。这就是当年几乎天天吃梅干菜，吃怕了的缘故。

四是抓。就是到大自然中去攫取。抓鱼、抓泥鳅、抓青蛙等，凡是可以吃的统统"死啦死啦地干活"。到知青农场后，我们还发动群众抓过几次老鼠吃。

抓鱼是我们最常态的寻找食物的活动，这里还有个有趣的故事。

有一天，大队书记陪着公社领导到我们农场来视察，要在我们农场吃晚饭，并交代我们准备几个菜。

天天处在饥荒状态中的农场哪有东西可以接待，我们几个知青干部商量了一下，派我带几个人去抓鱼。腊月天，我带着两个人，光着身子钻进水库的放水涵洞里抓鱼。运气不错，在涵洞放水的闸门口，我们抓了一条两斤多重的鲤鱼和十来条小鲫鱼。爬出涵洞，冻得浑身发抖的我们，望着手里的战果口水直流。"不能把鱼给当官的吃"，我们几个人几乎是异口同声。结果，我们把那条大鲤鱼藏了起来，将小鲫鱼奉献给了公社领导。

当晚凌晨三点钟左右，我们叫上几个玩得好的兄弟，偷偷起床，到厨房点火烧鱼，毫无声息地把那条鲤鱼消灭了。

五是偷。偷是我们到里屋知青农场后解决菜荒危机的重要渠道，也是全国知青改善伙食的主要途径。偷鸡摸狗，还真是我们当年常干的事。我们农场发明的"撒米钓鸡法"、"箩筐打狗法"，真是高效率、动静小、便操作，后来在全公社知青中得到推广。由于知青们勤奋偷食，当时整个公社村村几乎没有了狗。一些老农民和我们闲聊时说："当年日本鬼子来的时候，我们这里狗还是有的。现在你们这些知识青年来了，搞得村子里看门的狗都没有了。"他就不去想想，我们这些连老鼠都会打来吃的年轻人，怎么会放过红烧狗肉这道佳肴呢？

非常遗憾的是，偷到的狗是不少，但从来就没有吃过一块烧烂了的狗肉。其原因就是：饥饿难耐的我们，根本就等不及狗肉烧烂。

六是熬。讨、骗、带、抓、偷都不是长久之计，更多的日子我们是靠熬：用一些应付的办法熬过一天算一天。不知道是谁的发明，我们知青农场采用了"米汤加盐代菜"的好办法。江西农村常常采用捞饭的方法，就是在锅里放很多的水，水烧开后把米放进锅里，在米煮到半熟时捞到饭甑里再蒸熟。捞饭后锅里剩下的就是米汤了。我们的炊事员在有米汤的锅里撒上一把盐，再倒到木盆中，这样就饭菜备齐了。开饭的时候，我们人人捧着一个脸盆般大的搪瓷碗，先打饭，再打几勺咸米汤，一餐饭就解决了。就这样熬啊，熬得肚子里一点油水都没有，一餐要吃一斤米的饭，一见到肉，人人都变成了眼放蓝光的饿狼。

七是赌。这里说的赌，不是知青们赌博，而是通过打赌来获得些食物，这不是我们获取食物的主流派，只是个别人的偶然行为，折射出当年我们知青为吃的理想表现出的大无畏精神。

有一次，我们一个知青回家，受几个知青所托，"开后门"到铁路客站的售货组代买了十个大馒头回来。这馒头当年可是稀罕物，不仅要凭粮票购买，而且也难以买到。这个知青回来的时候，正逢中午用餐的时间，大家都端着大搪瓷碗吃着米汤当菜的伙食，看她手上袋子里有馒头，还飘着诱人的香味，大家都虎视眈眈。"这是我给人家带的，这是我给人家带的。"她知道，在我们农场有吃大锅饭的优良传统，家里带来的东西都要给大家分享的，因而赶紧解释，但又不好说是给谁带的。大家把她围在中间，大有留下买路钱的意思。

一个男知青用筷子敲敲搪瓷碗："就想吃独食喳，那不行！拿来大家分，又分不匀，也不行。不如这样啰，我俩打个赌，大家作证，我一个人把这些馒头吃了。吃掉了，算我赢——白吃；没吃掉，算我输，晚上我去老表家偷只鸡给大家吃。大家说行不?""行!"每个人都清楚,分和不分都没有自己的份,不如看个热闹,还有鸡吃。要知道,一个馒头就是一两,十个馒头就是一斤啊,这男知青是输定了,今晚半夜起来吃鸡的可能性是很大的。在大家起哄、怂恿、催促下,那女知青一跺脚:"赌就赌!你!不准喝水!"

在众目睽睽之下,在已经吃了些饭的基础上,这位男知青硬是在不到一个小时的时间内,在不喝水的情况下将十个大馒头吃完了。

还有人和我打赌吃猪油的。我在当农场会计之前,当过仓库保管。冬日的一天,我带着几个知青到仓库搬东西,一个伙伴看到脸盆里有半脸盆的猪油,就顺手挑了点放到嘴里。我看到后赶忙制止,这可是农场的宝贝呀。"不准吃,要吃你就全吃掉去。"我也就是顺嘴说说。

"真的?那我就真的吃啰?"他还真来劲了。我用眼神和同来的会计、知青队长交流了一下,想了想后果:"这样,全吃完你小子就报销了,我们也交不了差。我用调羹勺十下,你吃完算白吃,吃不完今天的活儿你全包了,行不?"他用舌头舔舔嘴唇,稍稍考虑:"行!"

冬天的猪油都冻得白花花的,用调羹一勺就是一大块。这小子真的吃了十调羹,把我们几个看得恶心得想吐。事后,几个在场的伙伴怪我心太软,手下留了情(其实,我是舍不得农场这宝贝)。那小子呢,拉肚子回家住院去了。

还有角力(比力气)赌吃的,赌吃酱油的,这些就不一一道来了。

下乡四年多,吃是我们为之奋斗的一项伟大事业。为了一个吃,我们绞尽脑汁,我们敢于冒险,我们善于开拓,我们学会忍耐。为了吃所做出的奋斗和努力,不仅让我们生存下来,而且释放了我们过剩的精力,丰富了我们今天在丰盛宴席上的谈资。

知青岁月那些事（二）

——劳动的故事

读了上面吃的故事，大家千万不要以为当年的李步超，还有我那些兄弟们就是在农村偷鸡摸狗了几年。辛勤劳作才是我们知青生活的主旋律。

知青岁月，我们几乎学会了全部的农活儿，可以说除了农业生产工序的"两头"没有学会，其他我是样样精通。一头是播种，因为播种的好坏决定秧苗的质量，秧苗的质量关系到半年的收成，所以农民轻易不让我们干播种的活。到农场后，播种也是由大队派来的几个农民亲自操作。另一头是堆草垛。秋天收获了晚稻，就要把稻草堆起来，以备作耕牛冬天的口粮。堆不好，草垛就会倒或者漏水，那到了冬天耕牛就没吃的了。所以，一般也不让我们上手，最多让我们打打下手。其他的农活，诸如犁田、耙地、插秧、耘禾、割稻子、种花生、种油菜等，我们都不逊色于同龄的农村孩子。

记得有一年，播早稻秧的季节，我们几个知青不听农场领导的指挥和农民的劝阻，学着农民的样子下到秧田去播秧，结果长出来的秧苗密的地方密不透风，稀的地方寥寥无几。"完了！今年农场没有秧了。"大家愁眉苦脸了几天后，就有人循着偷鸡摸狗的习惯性思维，想出了办法——偷秧。

我们几个知青干部运用兵法精心策划了一个偷秧苗行动计划。凌晨三点，农场知青全体出动，徒步奔袭十多公里（不偷近邻是盗之准则），集中所有的兵力先完成拔秧，然后兵分两路撤退：主力部队沿着最近的路返回，箩筐里铺上农膜防止泥水留下痕迹；掩护部队挑几土箕的秧，往相反的方向走，故意沿路滴洒着秧田的泥水，以迷惑来日破案追凶的农民。我们回来的时候，天已露鱼肚白。我们马不停蹄，直接就把秧插到了自己田里。如此偷袭两三回，竟然把农场一百多亩的田全部种上了。

让大家开心的事情还在后面。有个被我们偷掉秧的生产队，竟然托人求情，用了些谷子把我们秧田里的秧换走了。现在想来，实在不该如此，我们的行动可苦了活得本不容易的农民兄弟了。好在我们当时还有点良心，考虑到农民的难处，没有集中偷袭一两个地方，而是这里一点，那里一点，不然就遭孽了。

"双抢"是一年中最痛苦的日子。三十八九摄氏度的高温天气，我们在炎炎夏日的暴晒下，干着超强度的体力活。我们早上四五点钟起来拔秧，晚上九点钟收工，吃着没有油水的伙食，晚上没有电风扇，加上蚊子成群结队地骚扰，休息又得不到保障。我很难想象，现在的我能否再经历一次这种对体力、耐力的考验。每到夏天我走出空调房间，感受到夏日火燎般的阳光和令人窒息的高温时，都会自言自语："当年我们下放的日子是怎么过来的？那时候我们怎么没有被整死？"

对于身体瘦小的我来说，"双抢"中还有一个最痛苦的活儿，那就是收工后每个人挑一担谷子回家。劳累了一天了，人已是疲乏到了极点，饿着肚子，挑着满满一担水淋淋的、足有180来斤的谷子，走田埂，过坎过沟……有几次，我都是咬着牙、淌着泪，将谷子挑回农场的。

为了弥补农业收入不足、增加收入，我们知青农场的带队干部充分发挥铁路行业的优势，到冬闲时，就会组织我们到鹰潭车站货运站干点副业。记得有一年冬天的时候，我们揽到了搬运两个车皮（100吨）煤的业务。我们十几个人，寒冬腊月里光着膀子，干了一个通宵，硬是一板车一板车将100吨煤从货场运到了客户的锅炉房。干完活儿我们到澡堂洗澡，几个兄弟在澡堂就睡着了。我回家草草吃了点饭，就昏睡了一天。妈妈后来对我说，她两次在我床前看着疲惫的我流眼泪。其实，更多这样的劳累妈妈是没有看到的，也正是这样的缘故，让她有着更多的想象空间，产生更多的担忧和加倍的心痛。

为了复习功课，迎接1978年的高考，我向农场提出去753次列车上扫粪的要求，竟然很快就被批准了。

753次列车是从上海始发开往香港的、专门运输猪鸡牛等牲畜的专列。753次列车到鹰潭要进行车厢内的粪便清扫工作。我们农场是鹰潭车站的知青点，肥料又是我们的宝贝，因而车站和农场达成合作，将打扫753次列车上的事情就交给我们农场。扫下来的粪，由我们拉回农场作肥料。这活儿在我们农场是比较抢手的，好处是可以吃住在家里、只有半天的活儿。但也是很苦的事情：钻进抬不起头、伸不直腰的车厢，挤在那些牲畜之间，那个臭味几天都洗不干净。夏天，铁轨上五十多度的高温，车厢里奇热无比，加上必须在列车停靠的时间内将所有车厢清扫完毕的要求，那就是一场拼命的厮杀。

车厢清扫完，我和另一个知青还要将扫下来的粪抬到粪坑中。农场的拖拉机每周来一次，我俩还要负责装车，整天弄得一身臭烘烘的。我的搭档换了好几个，可我还在坚持着。因为，只有这个活儿能为我腾出半天的时间看书、画画，为高考做些准备。

艰苦的农村劳动生活，培养了我们吃苦耐劳的精神。因而，我上大学后，生活再苦，比比这段知青生活我就不觉得苦；到省委党校工作后，我时常写论文到凌晨，时常一周连上几天的课，自己一点都不觉得累；下海经商后，碰到种种困难，我想想农村的那段生活，就毫无挫折感和失落感了。

有句老话说得好：先苦后甜，越过越甜。知青岁月的艰辛已经在我的心中烙上了深深的印记，磨炼出我顽强的意志。"知足不满足"是我在课堂上讲《干部修养》类课程时常讲的一个观点。知足，与以前相比已经很好，应当知足常乐；不满足，人生应当为更美好的明天而奋斗，不能满足于现状。这可能就是知青人特有的品性。

知青岁月那些事（三）

——人 的 故 事

白面书生

Z兄是我小学、初中、高中的同班同学，也是邻居，我们的父亲又是一个单位的同事。后来，我俩又插队在同一个大队，再后来又到同一个知青农场。从小学开始，我们就是很好的朋友。

Z兄比我大两岁，身材修长，白白净净，温文尔雅，很有点文人气质，小伙伴们都叫他"白面书生"。他和我有共同的爱好——看书。记得初中的时候，铁路工人文化宫已经关闭，只是开了个阅览室。阅览室里就是些报纸和几本少得可怜的杂志。我俩去了几次后，发现有个用几张书桌隔离起来的角落，里面零乱地堆了很多书。实在禁不住诱惑，我和Z兄共同商量出一个到神秘书堆"拿"书的方案。按照当时流行的粘捕知了的办法，我们找了根一米多长的竹竿，在竹竿的一头蘸上柏油。晚上，我俩走进了阅览室。Z兄缠着管理员进行掩护，我将竹竿伸进去粘了两本书就赶紧撤退。回来后我俩分赃，记得我分到一本《红旗飘飘》，他则得到一本《志愿军一日》。我们如获至宝，相互传看。从此，我俩无论谁借到书，都一定会转借给对方。

在中学的时候，Z兄的作文水平强于我，但综合成绩弱于我。到农村后，比我高出一大截的Z兄，干起农活来比我差多了。知青们干些偷鸡摸狗的事情，他从来不沾边，大家也嫌他缺乏战斗力又碍事，也很少主动邀他并肩战斗。但分享成果的时候，大家看我的面子，都会邀他参与。他和谁都不远不近，既没有死党也没有对头。遇到大家聊天的时候，他就像个博士一样说得头头是道，好像天上的事情知道一半，地上的事情全知道。但争论问题的时候他又往往处于下风，每每败北，因为人家争论不过他的时候就动用武力，而动武是他的弱势。每逢人家以武力相胁的时候，他就会一边退却一边说"君子动口不动手"、"要文斗不要武斗"。1978年我俩一起参加高考，我考美术兼文科，差7分上录取线，Z兄则差7.5分上录取线。我俩相互鼓励，来年再战。为了更好地复习参加次年高考，我到了建筑公司当脚手架工，Z兄仍留在农场。我几次劝他回到鹰潭来好好复习，他总是一副无可奈何的表情："我父母不像你父母那样支持。"1979年高考成绩出来了，我高出录取线20多分，他低于录取线20多分。这就成了我俩人生的分水岭。

我走进大学校园报到的时候都在想：要是Z兄考上该多好。最适合读书的Z兄，随着知青返城潮回城了，在铁路一个大集体单位当了装卸工，十多年前就下岗等待退休了。1995年我们中学同学聚会，他不愿参加。我在刘永强的带领下冒着大雨到了他家。简陋的小平房内，他正在昏暗的灯光下看本杂志，还是当年的老样子。我悲喜交加，喜的是他好读书的习惯未改，悲的是这样的生活条件不应当属于他。

什么叫高考决定命运？Z兄这个最适合当教授的人干了装卸工就是佐证。为什么说人在关键时刻要能够拼，Z兄就是在决定人生命运的关键时刻没有去拼。

在我心里，Z兄的文采永远都比我强。Z兄，我们的友谊地久天长。

"老油条" H

H是老三届插队的"老油条"了，浑身江湖味道。由于我们知青农场大多是鹰潭车站的同届毕业生，所以"老油条"到我们知青农场后，显得还是比较谦虚的，也不摆老知青的架子来欺负我们这些新知青。他就是喜欢显摆自己的见多识广，尤其是性经历。当时我们都是十七八岁的年纪，在那个年代里，我们对男女之事毫无知识，他就成为了我们的性教育老师。我现在还记得他说到这方面事情时的表情。慢慢地我们都知道，其实他也是只有理论并无实践。我们还知道，在我们下乡前，他老人家是很多次走麦城的。

有一次，到大队开完批判会后回来的路上，他看到老表田里种了甘蔗，就下去拔了一根。他追上几个同路的女知青后，经不住女生几句撒娇的话，就把甘蔗送给了她们，自己返身又去了蔗田。其实，当时蔗田是有人看守的。守蔗田的老表看到知青人多，H又只拔了一根甘蔗，也就没有干预。现在H只身一人再次侵犯，老表就来火了，抢起铁棍对着他的腿一个横扫。可怜的H，一个人爬了十几里地，第二天天亮才回到住地。像这种走麦城的故事H是只字不提的。后来，听说他老人家顶职回城了，可惜到现在也没有机会再见面。

"哑子"

"哑子"不是知青，是大队一个村里的孤儿。为了照顾他的生活，大队派他到农场干些杂活，让他的温饱得到保障。"哑子"其实不是个哑巴，按照鹰潭土话是说他有点傻的意思。"哑子"做事很是踏实，用勤勤恳恳来赞美他是绝不过分的。他负责食堂挑水，协助炊事员做做饭、喂喂猪、放放牛等。应当说，他干的挑水工作很是出色，我们这些知青都应当感谢他，尤其是女知青们。一到我们收工回来，大家就会看到"哑子"低沉着个脸，大声地冲着那些女知青叫喊："少用点水哈！"我们男知青就会趁机起哄："不用水人家哪里洗得干净哦！"一般我们男知青都会在水库洗澡，因而很少引起"哑子"的不满。当然，大家都会在嬉笑打闹中说完了事。

真正看到"哑子"恼怒的是这样一件事情：一个"双抢"的季节，大家都在午休。一个调皮的知青值班看护晒在球场上的谷子，闲得无聊，就到处闲逛。他推开"哑子"和几个农民住的房间，想拿老表的黄烟抽几口，无意间发现"哑子"的"小弟弟"顶了起来。他觉得很好玩，就拿了根小竹竿不停地去拨弄，接着又轻轻敲击几下。"哑子"醒了过来，拿起一把锄头咆哮着追着打，吓得那位知青围着房子跑，几天都不敢单独行动。

我离开鹰潭后，就再没有见过"哑子"了。知青回城了，我们农场的房子也空置在那里，我几次重游故地都空无一人。每次回农场，我都仿佛看到"哑子"挑水的身影。

老罗

罗水根是我的邻居，我们在下放前就是很好的朋友。老罗长得五大三粗的样子，有点张飞、李逵的气魄。他比我大两岁，因此下放前我妈妈再三叮嘱他："水根，步超年纪小，你做哥哥的到乡下就多帮助他、照顾好他。"

插队到延石村，我俩是同一个生产小队，和甘仁红三个人挤在一个十平方米的房间内。经过商量，我们三个人合办伙食，老罗主外我主内，小甘配合我俩工作。三个人临时的家由我当家，自留地里的活基本上是老罗包干了，烧饭的事情以我为主。说起来也是蛮有意思的，那年我不满17岁就当家了。老罗履行了他的承诺，对我很是关照，像砍柴、挑水、浇菜之类的力气活，他轻易是不会让我干的。他很有点张飞的气质，和我形影不离，是我忠实的卫士。无论在生产队，还是在知青农场，谁对我有点失敬，他就会瞪眼握拳挡在我面前。

甘仁红是我同班同学，因长着双金鱼般的大眼睛，同学都称他"大眼睛"。可能是在家不太干家务的缘故，"大眼睛"很是懒惰，收工回来就吹着那不着调的笛子，等着我们回来做饭吃。可能是同学关系的缘故，也可能是他在高中时主动把他家那本"水许"（他对《水浒传》的误读）借给我看的缘故，我对他的行为很是忍让，自己把家务活干了。老罗看不过去，常常拎着"大眼睛"的衣领命令他干活，两人几次差点就真的动起手来。

到农场不久，老罗就参军去了。临行前几天，老罗很慷慨地把我们几个好朋友叫到贵溪县城，请我们吃了顿饭，到照相馆照了张合影。到部队后，老罗时常给我写信。看到他寄来的军装照，让我等羡慕得一塌糊涂。

一天下午，老罗的父亲找到我，极其神秘地说："水根打电话来了，说要去越南打仗了，今晚路过鹰潭，要你到车站去看看他。"当时南边的对越自卫反击战酣战正急，我本就在猜测老罗是否会参战，心里惦记着他。晚上九点多钟，我和老罗家人一块儿到火车站等候。一辆军列到站了，老罗全副武装地站在我们面前。他没和自己父母兄弟说几句话，就把我拉到无人处："步超，如果我被打死了，你帮助我照顾好我的爸爸妈妈。"他说得很是认真严肃，我一边答应，一边流眼泪。我第一次体会到生离死别的真正含义。

参战期间，老罗的父亲每天都来我家，打听老罗是否有来信。我在那些日子里，天天看报、听收音机，关心着前线的战况。我每天打开收音机和报纸的时候，都会许愿："不要看到（听到）老罗的英雄事迹。"老罗在我们的期盼中来信了，说平安了，已经停战了，还给我寄来些小战利品。

后来，老罗复员到鹰潭铁路工作了。他到大学来看望我，以大哥的口气嘱咐我要注意身体，伙食不能吃太差。再后来他找对象了，要我帮助审查审查。至今，每年春节他都是我家的第一个拜年客，年初一、年初二必定造访。现在，我俩还像当年一样来往着，相互记挂着，只是在一起的时间少了。

几十年的兄弟友情，对我们来说都是最珍贵的财富。

刘 运 贵

刘运贵，我们大家都叫他阿贵，是和我们一道下乡的两个初中毕业生之一。

阿贵的父亲那时候很吃香，是铁路车站客运车间的主任。按现在的级别划分，也就是个股级干部。但那时候，在我们眼里就是蛮大的官了。因而，在阿贵的身上多少有点官宦子弟的气息。

阿贵是我们农场的非专职手扶拖拉机手，农活和开拖拉机都得干。小小年纪的他（比我小一岁），嘴里经常叼着根八分钱一包的"经济牌"香烟，穿件满身油垢的军上衣，走起路来摇摇晃晃，还喜欢哼几句样板戏。我素来不愿意和当官的子女一块儿玩，但不知道什么缘故，慢慢地和阿贵成了好兄弟。

阿贵开手扶拖拉机的几年，创造过很多的"奇迹"：有一次，他一个人开着手扶拖拉机冲到树上去了，除了挂斗的后轮还着地外，整个拖拉机和他自己都被那棵松树悬在了空中。还有一次快到春节了，我们农场一群男女知青个个打扮了一番，带着农场分的米、花生之类的年货，乘着阿贵开的拖拉机回鹰潭过年。一路上大家嘻嘻哈哈、打打闹闹，阿贵也不时回头和我们说笑。拖拉机行驶到一个公路拐弯处，一心多用的阿贵拐弯不及时，硬是将手扶拖拉机开到路边的湖里去了。一车人下身湿透，冻得直打哆嗦。大家哆哆嗦嗦地步行回家，那个狼狈劲儿就别提了。还有一次，我弟弟步强和阿贵的弟弟都来农场了，他们住了几天后，逢阿贵要到鹰潭出车，就把两个小朋友带上。没有走出几公里，阿贵开着拖拉机冲出道路，把车翻飞到距路面两米多深的水田去了，把站在拖斗上的两个小朋友扣在了车斗里，差点弄出人命来。

后来，我当农场会计，单独住进了一个大房间。这个阿贵没让我享受几天，就抱着被褥也住了进来。没几天，还把床铺也搬进来了。冬天的时候为抱团取暖，他就挤到我床上来，将他的被子也盖上来。别说，这样两人睡一块儿还真暖和。

他个子一米七八，力气自然比我大，干活时经常会帮我。一次，我们到大队去挑谷种，半路遇到了雷阵雨。我浑身湿透了，担子淋雨后那是越挑越重，脚下的泥巴又打滑，行走起来特别困难。我咬着牙，颤颤巍巍、摇摇摆摆地在雨地挣扎着，远远地落在了最后。还是阿贵想着我，他先行到达后，就返身来帮我了，把我感动得一塌糊涂。现在每年春节的时候，我都要送他一条高档的香烟，并说上一句：我感谢那天你回头来帮我。

在农场的时候，他送给我一个当时非常稀罕的正牌军用书包和一件军上衣，让我神气了好些年。直到大学二年级的时候，书包和军上衣都破了，我才恋恋不舍地扔了。就因我经常穿件军上衣，一些外班的同学来问我：你爸爸是部队的首长吧？那年代，这身打扮就是这种象征。

令人尊敬的熊老师

　　熊老师不是我们知青农场的人，也不是知青，而是鹰潭文工团负责编剧的老师。我们是在公社改港指挥部认识，并作为同事相处了近一年的时间。

　　那年代，"工业学大庆，农业学大寨，全国人民学解放军"，农村年年都要掀起学大寨的高潮。冬天农闲的时候，就是农业学大寨的最高潮，上级就会组织、调集各地的农民，集中起来搞一些大型的农田水利工程。大约是1976年，鹰潭组织了一个大会战——改造童家港。

　　童家港是我们童家公社一条通往信江的小河。它弯弯曲曲几十里，灌溉着公社的几千亩粮田。每到发大水的季节，就会因信江水倒灌而发生内涝。这次的"改港"工程就是将其拉直挖深，建设排灌站，彻底解决内涝的问题。

　　我接到大队的通知，说是公社抽调我到公社工作一段时间，要我到"改港指挥部"报到。我以前也被公社借去工作过：和窦立伟、余学伟等几个在马老师那儿学画画的知青，抬着桶石灰水到公社的各个村庄去刷标语，在人家房墙上画一些宣传画；调到公社当几个月的通信员，写写材料、送送文件；到公社跟着放电影的画画幻灯片，跑跑片子。每次时间都不长，农忙的时候又回来劳动。因而，我对这次的借用习以为常，把背包往农场的手扶拖拉机上一扔，让阿贵开车送我去报到。

　　到了指挥部，公社的办公室主任大致说了我的任务：在宣传部刻印《战报》和递送文件。说完，就带我去见《战报》主编熊老师。

　　熊老师四十来岁，戴副眼镜，斯斯文文的。他热情地招呼我，并问道："你刻过钢板没有？"我说："没有刻过，但我很快就可以学会的。""那就给你两天的时间，刻好了，人留下来；刻不好，你就回去算了。"这个熊老师斯斯文文的人，说话却有点军人的味道。

　　那两天，我真是很吃苦。除了吃饭、睡觉外，整天地趴在桌上对着蜡纸练习，整整地浪费了一筒蜡纸，把公社办公室主任心痛得要死。慢慢地，我找到了在钢板上写美术字的感觉。我在报纸上找了几篇文章和当时流行的农民诗歌，按照出黑板报的排版，刻写了两个样张，在第二天晚饭前，拿着样张去向熊老师交卷了。

　　"不错，真不错。还仿宋、魏体、楷书、黑体、题花样样齐全的。蛮好，你的排版也蛮好。要的，崽俚，留下来！留下来！"熊老师大为赞赏，热情地握着我的手。

就这样，我成为了他的助手。我们天天吃住在指挥部，相处得很好。我写诗的爱好就是从那时开始的。晚上，他会偷偷地教我几首唐诗、宋词，并为我解析；"一条大河波浪宽，风吹稻花香两岸……"我从他那里第一次听到这么好听的歌；我开始在他的调教下写诗了：

> 春天来啦，
> 春风吹绿了柳枝，
> 春雨染红了桃花；
> 我们挑着担儿，
> 整装向工地出发……

这是我写的第一首诗，熊老师给予了表扬，说"春风吹绿了柳枝，春雨染红了桃花"这两句值几个钱，那个"吹绿"和"染红"有点味道。他还将这首诗编发到《战报》上去了，让我兴奋了好长一段时间。

我俩去参加一线劳动，任务是给挑土的农民发放计工作量的纸牌，农民挑上一担土，我就发一张纸板做的小牌。他悄悄地对我说："农民真辛苦，大冷天的还这么干。小李，你看到那些年纪大的，就多给他们发几张，好让他们早点收工回家。"我照他说的做了，但也做了发挥，遇到长得漂亮的小姑娘，我也会多发两张。熊老师见后就冲我做个鬼脸，表示理解，笑笑了事……

童家港改造基本完工了，指挥部就要解散了。

临行时，熊老师送了一本当时书店买不到的写诗方面的工具书给我。我珍惜万分，读大学期间都还带着，现在已经找不到了。我考上大学后，想专门拜访熊老师，但不知道什么原因，就是找不到他了。

时隔四十多年，我只要经过童家港，就会想起那个全鹰潭城乡各个单位在此大会战的热闹场面，就会想起那位教我写诗的熊老师。

想飞的那些年

1977年冬天，国家尝试性地恢复了高考。对于我们这些插队在农村的知青来说，这意味着可以有自己的理想了，可以为自己的人生奋斗了。陡然间，刚刚懂得考虑自己未来的我，有了想飞的冲动。我的日记里留下这个冲动：

> 我想飞！
> 我不能成为家雀，
> 整天在屋檐下摇头摆尾。
> 我要离开低矮的门楣，
> 去蓝天闻闻白云的滋味。
>
> 我想飞！
> 我不能成为井蛙，
> 只徘徊在狭小空间无所作为。
> 我要飞出命运的墙垒，
> 去大海试试搏击的壮美。
>
> 我想飞！
> 我想让青春的血液腾沸，
> 让生命之树绽放灿烂的花蕾。

从我记事起，任人摆布是那样的天经地义。中学毕业时，谁也不和我商量就把我发配到了农村，招工、读大学要经过别人的选择和推荐（自己连拿张报名表的权利都没有）。那个没有个人一点点理想选择的年代，一切都只能随波逐流，任之漂泊。

恢复了高考，我终于可以自我选择，可以凭着自己的努力来实现理想了。我就像一只久困笼中的小鸟，望着打开的笼门，强烈地产生"我想飞"的冲动。

不知什么原因，1977年冬天，我是在考试前三天才知道可以参加高考的。

考试那天，我带着一身的泥巴味道、空空的脑袋和装满墨水的钢笔冲进了考场。考场，我对你已经太陌生了，我熟悉的是农村的晒谷场；考题，我对你太陌生了，我熟悉的是田埂河堤。我虽然出师不利，但这一次进考场，让我坚定了一个信念——"我要读书，我要成为大学生"。

插队期间，我在人生的第一位恩师——油画大师马宏道老师的教导下，业余地学了几年画。在老师和画友的共同帮助下，我的作品还混进了全省青少年美术展览，并获奖刊登在《江西日报》上，这给了我一个错误的信号和不该有的胆量。1978年高考，我不知天高地厚地报考了浙江美术学院。结果，连复试的机会都没有。意外的是，没有怎么复习的文科成绩距文科录取线仅差7分。

1978年高考失利是我人生的第一次失败，也是第一次品尝到了挫折的滋味。父母为调节我的情绪，让我向农场请假，去外婆家休息一段时间。

在外婆家，我每天大清早就起床，穿着一件当时很流行的红色背心，跑过蜿蜒的田埂，爬上外婆家对面的那座小山。我坐在山峰的最高处，望着远处高低起伏的山峦，俯瞰整个村庄，思考着自己的前途和未来，我很多次大声地呐喊："我要飞！"

这一个多月的时间，我做出了人生最重要的决定：离开农村，全力复习，转考文科。打定主意后，我毅然向外婆、小姨辞行。

一回到知青农场，就听说公社给了我们大队两个招工指标，但是没有人愿意去。我一打听，是大集体的鹰潭建筑公司招工人。当时，我们铁路子女对地方工厂是有点瞧不起的，地方大集体的建筑工人岗位，更没有人愿意去。我为了有个稳定的复习环境，没有和父母商量，就找到大队书记要求把这指标给我。由于单位不好，大家都不愿意报名，结果我如愿以偿。就这样，我背着那个从家里带来的红色樟木箱回城了，当上了大集体性质的鹰潭建筑公司的脚手架学徒工。

当脚手架学徒工的那一年，是我此生最痛苦、最为郁闷的一年，也是我思想发育最快的一年，更是最为发奋、最有斗志的一年。

几年的知青生活，使我对建筑工人那风吹雨打、烈日暴晒的工作环境很适应，但视力不好和近似恐高症的毛病让我吃了不少苦头。

记得有一次，我跟着师傅在鹰潭化工厂施工，作业面是两栋相邻的五层楼高的建筑。我们在一栋建筑的房顶完成工作后，要转到另一栋去施工。为了节省时间，我师傅用两根毛竹（当时脚手架都是用毛竹做的），伸向对面的建筑，稍作固定后，一脚踩着一根毛竹就走到对面的建筑上去了。他将两根毛竹的那一端扎固定了，其他同事也陆续做着同样的动作走到了对面，这边就留下我一个人。男人的面子观和时间紧迫，使得我不可能采取走下五楼再上对面五楼的方法。我学着师傅们的样子，一脚踩着一根毛竹，在五层楼高的空中慢慢移动着脚步。没有走几步就感觉头晕脚软，我赶紧将双腿跨在毛竹上，伏身用双手死死抱住毛竹。我身处高空，进退两难，充满恐惧，竟然号啕大哭起来。这次号啕大哭不仅是恐惧，更是长时间积累的、对自己的处境感到委屈的宣泄。

人生是用希望来支撑的。在农村，特别是在农场，大家都是知青，都抱着推荐上大学、当兵或回城当工人的希望。而我现在的人生命运似乎已经有定局：考不上大学的话，一辈子就是扎脚手架了。想想自己能写会画，在农场的时候还是蛮吃香、蛮出众的，经常被抽调到公社画画幻灯片和壁画，写写材料，刻钢板出战报，大小也是个农场会计、团支部委员。现在呢，人家还有希望，自己已做了选择。更讨厌的是人们的议论："步超啊，像你这么聪明的孩子当建筑工可惜了。""你现在是爬得高，看得远哦。""当建筑工，老婆都难找。"特别是在大街上施工的时候，碰到熟人更是难堪。因而，我在工地只要看到熟悉的人，就赶紧避开。当建筑工的这段时期，是我人生心境最差的一段时期，也是第一次感到了生活的痛苦。

"我回城不是来当建筑工的，是来复习参加高考的。建筑工只是我人生进程的跳板。我要飞，我要飞进大学校园，我要飞向光明的前程。"对着挖苦我的人的背影，我暗暗发誓："我一定会考上大学，出人头地，过上你们这些庸俗之辈羡慕的生活。"

"我想飞！我要飞！"我好几次独自跑到鹰潭公园龙头山上，面对信江大声地喊叫。

"我想飞！我要飞！"我无数次在深夜复习犯困的时候，在心中大声地呐喊。

"倒计时、双休日是我发明的"，我现在常常在酒桌上戏言。当年，我采取现在时兴的倒计时方法，计算离 1979 年高考还有多少天，再把复习资料撕开分解成每天的任务；上班将要背记的资料带在身边，工休的时候就躲到工地的角落复习，每天睡觉前无论是否看完都将这些资料统统撕毁；不到凌晨两点不睡觉，除了上班外，不参加任何与复习无关的活动。

父母看到我高考的决心，也更加支持我。他们怕我太辛苦，建议让我别上班了，到补习班去复习。考虑到家中生活困难，我对父母说："不上班就没有工资，我自己的生活费还是要赚回来的。"当时公司规定，学徒工每月事假超过四天就要扣工资，我通过拍师傅（班组长）的马屁得到了他的批准，每周六就请假，这样每周就多了一天的时间。"倒计时"、"双休日"、"最大限度地用足政策"，我比全国人民先实践了十几年。

1979 年是我命运大转折的一年。

记得高考的那几天，天气特别热。我在高考的头一天，给自己放了一天的假。早上一起床，我就去离家不远的铁路制冰厂，捡了一脚盆的大冰块放在床下当空调，然后，狠狠地睡了一天。

去考场的时候，我将毛巾浸在冰水里，也不拧干，直接拿着湿乎乎的毛巾进了考场。热了就用冰毛巾擦擦脸，很是凉爽。语文考试顺风顺水，古文翻译是韩信点兵多多益善，我以前看过；作文是缩写，原文我以前读过。

下午考的数学是我最大的敌人。对数学的复习，我是从真假分母通分开始的，又没有上过补习班，完全是自学的，真的没有把握。

我拿到数学考卷后，心被阵阵恐惧包围，将考卷反摊在桌上不敢面对，胆怯的波浪越来越高。十几分钟过去了，我闭着双眼傻傻地坐在那里没有作答。我闭目默念："这是拼刺刀的时候了，步超！要冲上去！要冲！要冲！"到二十来分钟的时候，我心慢慢地平静了下来，冲锋、拼刺刀的感觉似乎找到了。我抬起头，将卷子的所有题目浏览了一遍。哈哈！这些题目太熟悉了！我又掩卷狂喜了一阵后，才开始答卷。

所有科目考完，我就预感自己成功了！我没有再去上班，没有再去攀爬脚手架。我请了一个月的事假，在家休养，焦急等待。

听说高考成绩出来了，父亲清晨六点多就带着二妹步茹赶到教育局，敲开了值班工作人员的门，恳求人家帮助查询高考达线人员名单。工作人员刚刚拿出名单，父亲一眼就看到我的名字。工作人员也核实道："李步超？是考上了！考上了！"工作人员热情地握着我父亲的手，连连道贺，并嘀咕了一句："建筑公司还有人能考上大学的？"

父亲从教育局出来，骑着单车带着我二妹一路狂奔，距家百米以外就大声喊叫起来："步超，步超，考上了！考上大学了！"当时，我坐等在家门口，听到父亲的捷报后竟然一点都不激动。

冷静，出奇的冷静。现在回忆起来，这种冷静还是那么不可思议。

体检、报志愿，焦急等待录取通知……

终于，一份改变我命运的、来自江西财经学院的录取通知书，真切地捧在我的手中。我独自一人又来到龙头山，激情澎湃地对着信江吼出了一声："我要飞！"

出发去南昌报到的那天，父亲下晚班。他不顾上晚班的疲倦，又扛着那个红色的樟木箱，送我到火车站。

火车晚点了，疲倦的父亲坐在樟木箱上睡着了。我望着父亲的样子，心里涌动阵阵波澜。父亲是我高考最大的支持者，没有他的鼓励，没有他的坚持，没有他的支持，我可能会动摇和放弃。我曾经和父亲商量："我考本科不一定有把握，但考大专希望是很大的，我就考大专吧？"父亲坚定地表态："要考就考本科，你一定可以的！我步超一定行！"

"爸爸，谢谢您！"望着趴在膝盖上睡着了的父亲，我心中默默地念叨。

火车来了，父亲把我送上车，他没有太多的嘱咐和交代，只向我摇了摇手就转身回家了。隔着车窗玻璃，我向父亲挥手告别。望着父亲疲惫远去的背影，我想起了朱自清《背影》里描述的情景，不禁眼眶湿润起来："爸爸，儿子一定为你争气，让你骄傲。"

这是父亲第二次送我远行。第一次送我下乡，让我度过了四年农村的蹉跎岁月，开启了我走向社会的第一程。而这次送我远行，将我送上了大学这一人生起飞的跑道。

"我想飞！"大学录取通知书宣告我进入人生的新起点。

"我要飞！"快速行驶的列车，正把我拉进人生的新空间。

"我要飞得更高、更高！"望着车窗外急速移动的景色，我暗暗起誓。

第二篇　乘风飞翔

　　年轻的朋友们，今天来相会，荡起小船儿，暖风轻轻吹，花儿香，鸟儿鸣，春光惹人醉，欢歌笑语绕着彩云飞。啊，亲爱的朋友们，美妙的春光属于谁？属于我，属于你，属于我们八十年代的新一辈！

　　再过二十年，我们重相会，伟大的祖国该有多么美！天也新，地也新，春光更明媚，城市乡村处处增光辉。啊，亲爱的朋友们，创造这奇迹要靠谁？要靠我，要靠你，要靠我们八十年代的新一辈！

　　但愿到那时，我们再相会，举杯赞英雄，光荣属于谁？为祖国，为四化，流过多少汗？回首往事心中可有愧？啊，亲爱的朋友们，愿我们自豪地举起杯，挺胸膛，笑扬眉，光荣属于八十年代的新一辈。

　　　　　　　　　　——张枚同《年轻的朋友来相会》歌词

大学最珍贵的是气场

　　校园生活是值得留恋的，大学生活是十分珍贵的，尤其是大学校园里独有的气场更是珍贵无比。

　　小学、中学的九年，我这代人大多是在革命口号和学工学农中度过的。当了四年的农民和一年的脚手架工，使我在知识荒芜的沙漠里又多待了五年。我对书的渴望，对课堂的向往，对校园的憧憬，对知识的渴求，就像一个在沙漠中长途跋涉的人对涌泉的渴望、向往、憧憬和渴求。

　　告别送行的父亲，我将那只陪伴我下乡四年的红色樟木箱放在车厢连接处，心情很难平静。列车缓缓开动了，带着我从小城鹰潭驶向省城——南昌。我知道，离开脚手架走进大学校园，将会让我的生活和命运发生重大改变与转折。但我没有意识到，我的人生从这一刻起会如此精彩。

　　火车在晃晃荡荡中前行，我的心在想象的校园场景中游荡。我从来没有走进过大学校园，甚至在电影中也没留意过大学校园的模样，更不知道大学生活会是怎样。多少次，我拿出录取通知书反复地看着上面的每一个字、每一个标点符号。作为一个铁路装卸工的儿子、一名建筑工人，能够这样走进大学这神圣的殿堂是多么幸运的一件事。

　　走出南昌火车站，先我一年考取江西财经学院的鹰潭老乡辛良平在出口处接我了。在他的引导下，我们坐上了接新生的校车。一路上，我的双眼都在向前方张望，望着我期许很久的前方……

　　走进江西财经学院的校门，我激动了。其实，当时的江财还刚刚复校，1978年刚刚招生，校园就"五个一"——一栋办公楼，一栋教室，一栋寝室，一栋食堂，一间开水房，整个校园就是一个工地。但在我眼里，这就是一座殿堂。

　　具有神圣气氛的开学典礼的主席台上，"培养现代财经管理高级人才"的条幅，搅动着我的心海，让我兴奋无比；班级见面会上，同学的自我介绍让我感慨万分，同学中有农民、知青、钳工、纺织工、矿工、泥工、木匠、汽车驾驶员、县文工团员、应届毕业生、待业青年……班上年纪最大的同学是1951年出生的，最小的是 1964 年出生的，几乎相差了一代人（上届就有母子同学的）；同寝室的一个小同学报到的那天来问我："叔叔，请问一下，到哪里去打开水呀？""哦，侄子，你下楼后直走，第一个岔口左拐……"同学间都以叔侄相称了。

热闹的迎新结束了，我背着书包走进了教室。教室，久违了！教室，我终于投入了你的怀抱。大学就这样为我开启了一个全新的世界。商品、价值、剩余价值、泰罗制、行为科学、工业经济管理、企业管理、系统工程、价值工程、纺织工业技术、机械制图、冶金技术、文学、概率论、财务管理、金融学、计算机语言、高等数学……一个个陌生的、新奇的、充满魅力的世界向我展现，一个个新知识向我扑来。

我就像在沙漠里干渴到极至的人，一下子跳进了知识的湖泊。我对知识表现出疯狂般的贪婪，用上了可以用的全部时间和精力去汲取知识的甘泉。可以说，当时江西财经学院图书馆的藏书，我几乎都翻阅过，包括物理、化学、医学等非文科的书籍。

当时，我国理论界刚刚启动社会主义国家是否存在商品经济的讨论，经济学刚刚为国人所重视。几十年对经济科学的忽视，使得我国出版的财经图书甚少。那期间，江西财经学院很有前瞻性地购进了一批中国台湾出版的财经图书。德鲁克的《有效的管理者》、卡耐基的《人性的弱点》，还有美国的市场营销、西方企业家传记，这些精品书籍对我的治学产生了很大的影响。

教材书上的内容，在开学不到一个月就基本掌握了，老师在课堂上又讲不出多少有新意的东西，我就在课堂上阅读与课堂内容相关的课外读物。专业论文和书籍读多了，就产生了一些自己的想法。我依照期刊上论文的模式，依葫芦画瓢写了篇论文——《产品的外观设计与产品的销路》，经我恩师金祖均教授指导修改后，在学报上发表了，并全文收录在人民大学的报刊复印资料上。这是我公开发表的第一篇文章，它既是我的处女作，也是激发我从事理论研究的开山之作（这篇文章我收录在本书的第五篇中）。

大学四年，开启了我通向管理学新世界的大门，深深地影响了我的人生。感谢江西财经学院，感谢我的老师。

就我而言，大学给我最重要的东西不仅仅有专业知识，而且有大学校园那独特的气场：知识传播机构特有的气场，知识型青年聚集在一起才有的气场，一所好的大学营造出来的特有气场。这种气场从优秀教师的言谈举止中散发，从各地会集而来的优秀青年的衣着、言谈、情趣、性格中散发，从校园的环境、大学所在城市的文化气息中散发，从课堂、图书馆、学术讲座、宣传栏中散发，从打开水、集体劳动、运动会、课余活动、排队买饭、晨练、傍晚校园散步、熄灯后寝室里的嬉闹等过程中散发。

大学特有的气场，可以改变你的思维方式，可以改变你的行为方式，可以改变你的气质，可以改变你的衣着、言谈、举止，甚至可以改变你的价值观。总之，大学有着一种改变人的特殊气场，这是大学最重要的东西。

大学的气场，潜移默化地影响着我，让我这样一个带有浓厚知青气息、小市民思维的青年，在不知不觉中慢慢改变。我的视野在拓宽，我的思想在丰富，我的价值观在校正，我的气质在提升，我的生活习惯在改变。大学的气场塑造了一个全新的自我。

因此，我呼吁：

大学校长们，请注重校园气场的塑造。

大学生们，请注意接收校园气场的正能量。

我在大学想什么

　　我在大学期间阅读广泛，什么书我都看。《少年维特的烦恼》、《卢梭忏悔录》、《战争与和平》、《安娜·卡列尼娜》、《泰戈尔诗集》、《莎士比亚全集》……这些外国著作是我的最爱。而中国的四书五经、二十四史以及一批中国近代、现代的优秀小说和散文，花费了我的主要时间。

　　大量的阅读打开了我这个乡下人的视野，让我觉得这个世界太大，自己知道的太少。我的心境渐渐地开阔起来，思想渐渐地丰富起来，思考的问题越来越多，诸如社会阶层的形成和存在的合理性、国家体制的演变和未来、人性的本质和进化等。

　　我模仿泰戈尔的表述方式，将这些思考的火花，以简短的语言记录在日记中。下面摘录几句：

一

鸟对鱼儿说：

"我真羡慕你，能在水中飞。"

鱼对鸟儿说：

"我真羡慕你，能在云里游"

二

童年的时候常做恶梦，

可童年人最是幸福；

成年的时候常做美梦，

可成年人最多痛苦。

三

花对溪水说：
"快走吧，
别为我收住脚步，
浇灌禾苗才是你生命的价值。"

四

星星眯着眼睛，
是嫉妒柳下的情人？
还是嘲笑失恋者的痴情？

五

秋风中疯狂摇摆的杂草，
怎比春天静默的禾苗？

六

夜神踏破了屋顶，
星星在她身后，
盯着我失神的眼睛。

七

向别人吹嘘自己的能耐，
等于抽去别人靠拢你的梯子。

八

风啊，
别吹打我的脸，
快来吹走我心中的尘埃。

九

以别人为模式来修炼自己，
那你将成为毫无个性的人。
轻易接受一种信仰，
那你就是最没信仰的人。

十

雄鹰追求蓝天靠着自己的翅膀，
风筝追求白云是借着风的力量。

那时候的我，就像处在青春萌动期的少年，思想在躁动中发育，一种脱离长期封闭和禁锢后追求升华的欲望越来越强。我开始和老师和同学做思想交流，走出校园和其他高校的同乡交流，试图汲取思想。几个月后，发现收获寥寥。我重新回到书本，开始向古人请教、向洋人请教。后来，我终于明白了，不是别人无教可讨，而是自己方向不明。

作为一个学管理的人，自己在经济的与政治的、社会的与个人的、现实的与文学的几个方面做混乱的、交集的思考，思考的方向和路线不明确，我一个凡人想得太大、太远、太理想、太空虚。

我开始思考一些具体的、实际的问题：

（1）初中的时候，我同桌的小伙伴送给我一把木头手枪，并油漆得乌黑发亮，很是逼真。一个同学知道我爱看书，提出用书来和我交换。我问：什么书？他说是《水许》。我说那是《水浒》，并立即去他家里完成了这笔交易。偷偷地把《水浒》看了两遍，我突然产生了一个疑问：在梁山一百零八将中最没有本事的宋江，为什么成为了梁山的领袖？武松、林冲等英雄好汉为什么都臣服于宋江？作为初中生的我没有想出个所以然。下乡插队后，精力都放到想吃和离开农村上了，哪有兴趣和精力去思考宋江的问题。现在这个问题又浮了上来。

（2）在插队的时候，村口的树下有一个废弃的磨盘，我经常会坐在上面等人或看书。我知道，磨子是由两个磨盘组成的，下面的磨盘是不动的，上面的磨盘是动的，那下面的磨盘一定吃亏，并被上面的磨盘磨损了。可我翻开磨盘来验证自己的判断时才发现，下面的磨盘是被上面的磨盘磨平了，可上面的磨盘也磨平了。这里面有没有一定的管理原则和处世原则呢？

（3）都说管理者要学会管理之道，可什么是道？老子说的道在今天纷杂的社会中如何找到？怎样遵循？

带着类似的具体问题，我开始边读书边思考，似乎找到了一些答案：

一题答案：林冲、武松有武功，武功是术；宋江精通为人之道、管人之道、用人之道，精通的是道。我要求道重于学术。

二题答案：人不要去制造矛盾和摩擦，不然伤害他人也伤害自己。

三题答案：道为规律，道在自然，道重于术。

从我大学期间的日记中追寻，当时的我只是做出上述的认识。今天来看，这些答案虽肤浅但可贵。贵在自己开始追寻为人处世的基本道理了。动荡时代的教育，让我们树立了解放全人类的远大革命理想，却没有教我们怎样做一个文明人；让我们简单地模仿某个英雄的某种行为和精神，却没有从人的品位、品格、品德上做出引导和规范。

　　我开始检讨自己的言行、为人，发现自己的缺失、缺点和缺陷；我开始思考怎样成为一个受大家欢迎的人，成为一个能够做大事的人，成为一个品格高尚的人。

校园趣事

免费的红烧肉

刚刚复校的江西财经大学（当时为江西财经学院），整个校园里尘土飞扬，俨然就是一个工地，以至于我放假回家，妈妈看到我满脚黄泥都感到诧异："省城大学回来，怎么跟从农场回来一样？"

当时的财大首届78级只有四个班，我们79级是九个班，总共只有700多个学生，大家在一个食堂吃饭、一个球场打球，相互之间很快就熟悉了。

学校每周周末安排了劳动——种树。我们700多个学生全体出动，动静自然不小，很是壮观。今天江西财经大学只要是绿树成荫的地方，一定有我们前三届学生汗水的浇灌。当然，校领导也没有亏待我们。学校为了慰劳我们，每周周二就发一张免费的中餐券，凭券我们每人可以领到一份红烧肉。在那个时候，红烧肉可是个好东西，尤其对我这样的家庭困难学生来说，近乎奢侈品。加上大锅烧的红烧肉味道尤其好，更是让我们翘首期盼。那时候，每逢周二，整个校园里都弥漫着节日的气氛。每个学生都比平日精神几分，同学间吵架、打架的概率都会小很多。

我想，免费的红烧肉会成为财大78级、79级、80级校友聚会的必谈话题。

老师被我们"炒鱿鱼"

在大学，让我们难以解渴的是老师理论水平的欠缺。国家十几年没有培养财经类的专业人才，师资队伍自然到了灾荒的程度。因而，江西财经大学1978年恢复建校的时候，一批具有财经专业学历背景的知识分子，离开仓库保管员、会计、车间主任等岗位，匆匆走上了我们的讲台。十几年以阶级斗争为纲的社会环境，让这些老师在专业上荒废了，加上当时正处在解放思想的初级阶段，要他们跳出书本讲出些真知灼见，着实勉为其难。

如饥似渴的学生，水平不够的老师，这一供需矛盾在我们班爆发了：老师被我们"炒鱿鱼"了，这让我们班在全校出了名。一些老师以能够在我们班完整上完一门课程为骄傲，而一般的老师都不愿上我们班的课。系主任排不下去，往往只好亲自挂帅了。因此，我们班是全校各系主任任课最多的班。

让我们产生内疚感的，是一位讲统计学的男老师。他五十来岁，刚刚从工厂调到财大来任教，上了讲台很是紧张。估计我们班炒老师"鱿鱼"已经臭名远扬，给他也造成了压力。他普通话不标准，我们听起来比较吃力也就算了，关键是他对统计理论和方法很是陌生，课堂上对自己讲的东西都犹犹豫豫，支离破碎，让全班同学非常不满。大家在课堂上倒是没有什么不敬之举，下课后纷纷找到学习委员要求换老师。学习委员就找到班主任，班主任又反映到系主任，系主任又和统计系的主任协商。

统计系的主任很负责，这位老师上课的时候系主任亲自来听课。一节课结束，这位老师将目光投向系主任，询问课堂效果。系主任轻轻地摇摇头走了。这位老师眼神惊恐片刻，慢慢涌出了眼泪。他举起颤抖的手，转身去擦黑板……

后来真的换了老师，改由系主任亲自来讲统计课了。这件事情让我们几个年纪大点的班委内疚起来，收敛了一些。现在想来很后悔、很纠结。我们渴望知识，希望称职的老师传授真知没有错，可是老师的心理感受呢？

影视乐

我读大学的四年——1979~1983年，正是中国文艺历经"文革"十年寒冬，沐浴改革开放春风，呈现百花竞艳、昌盛蓬勃的时期。我们这些人经历了十年精神饥饿，看电影、看电视简直就是盛宴。

当时财大的食堂具有多种功能，吃饭、放电影、开大会、演出、书画展览等活动都在食堂里举行。到放电影的时候，主席台挂上银幕，同学和教工自己搬个方凳，自由组合，嘻嘻哈哈很是热闹。我们班的欧阳同学时常担任门卫，那全班的同学和班外的美女就可以享受免票待遇了。与财大相邻的几个军工企业也时常放电影，李军、肖谋林和我这几个看电影的死党几乎场场不落。我和肖谋林更是过分，时常会安排个电影周末。

星期天，我俩早早坐公交进城，先到南昌工人文化宫的报栏里看看当天的电影安排，然后制订一天的看电影计划。我们穿梭于南昌几个电影院之间，一天下来往往可以看四五场电影。有一个学年，我每看场电影就会将片名记录在日记本上。一年下来，我共看了 57 场电影，这恐怕是我人生中年看电影场次的最高纪录。那时候，《追捕》、《叶塞尼亚》、《少林寺》、《巴黎圣母院》一批好电影，让人欲罢不能。看电影，是我大学生活除学习以外最重要的篇章。

电视机在那个时候还不普及，财大只有教工办公楼有一台电视机。我们班的同学就成了常客，这使得很多老师没有了席位，学生和老师抢电视看的矛盾就形成了。记得看《加里森敢死队》的时候，这个矛盾爆发了，校保卫处的老师开始驱赶学生。我们这些社会老油子的学生哪里是省油的灯，走出电视房就把保险丝给拔了——大家都别看。

后来，有同学发现附近的华东交大电视机比较多，看的人又比较少，就开始转移战场，跑到交大看电视去了。有一次，遇到下大雪的天气，我们几个到交大看《大西洋底来的人》。回来晚了，校门已经关闭。我们叫门，门卫就是不开。我们就爬围墙进了校园，正好被保卫处巡逻的发现了，又引发了纠纷。估计是这一系列事情的发生引起了校方的重视，在我们大三的时候，学校为每个班级配发了一台电视机，看电视的问题才得到解决。

看足球我是在大学学会的。那时候容志行、古广明、李富胜等组成的中国足球队很有朝气，踢出了几场令人难忘的球赛。记得有场 3:0 胜科威特的比赛，胜利后同学们都出去游行庆祝了。之后的中国足球越来越令人可惜、可恨，尤其是近十年更是让我这个伪球迷伤心，连泰国队他们都敢大比分地输。呜呼！

穿着套鞋上赛场

我们 79 级工经班在财大的知名度是很高的。这倒不是我们的学习成绩领先，而是以"体育强班"出名。

校运动会团体总分第一的成绩从入校到毕业，就没有动摇过。短跑、跳高、跳远、铅球、400 米接力……都是我们的强项。我们班总共只有四个女生，可巾帼不让须眉，彭仙兰（我们亲切地称为"彭大仙"）赤脚冲刺 100 米夺冠，已成为校运动会的亮丽风景线。每年的校运动会就是我们班的节日，人人扬眉吐气，斗志昂扬。做宣传的、做服务的，比参加比赛的同学都要忙碌。

全校篮球、排球比赛的时候，我们班是全校各班都想避开的对手，谁想要在比赛中走得更远，就要避开79级工经班。大学四年，我们几乎尽揽了篮球、排球比赛的第一名。班级100米团体循环接力赛和拔河比赛是最能够体现"全民体育素质"的项目，组织者针对我们班的情况，规定参赛队女生数量不得少于四人，这意味着我们班上的女同学必须全部上场，没有了挑选的机会，整体战斗力自然摊薄了。尽管如此，我们班仍然夺得每届全校的冠军。

拔河最能体现我们班的精神和特点。赛前，全班上下动员，精心策划，选人、排位、啦啦队都进行了专门的集体研究。全班团结一心，人人踊跃参战，平时有点摩擦的同学到这时候都兄弟般地亲密。不知道是谁出的主意，参赛的同学人人配发了一件秘密武器——套鞋。比赛的时候是大晴天，可我们班上场的人穿着清一色的高筒套鞋。全校观战的人都莫名其妙地瞪着大眼睛，殊不知这是我们为增强脚与地面的摩擦力和脚步力量采用的特殊手段。每场比赛几乎都是摧枯拉朽，所向披靡，三局两胜赛制的比赛，几乎都是两局解决战斗，而真正费力气的往往就是首局，第二局对手几乎已经投降了。

以我们的气势，让对手毫无斗志。

这就是我们疯狂的79级工经班。

我此生最骄傲的事

1981年，我干了一件我此生最骄傲的事——谈恋爱了，找到了自己的真爱，并让她成为陪伴我一生的老婆。

有句话是我老婆最爱听的：娶到你这样的老婆，是我此生最值得骄傲的事，娶到你是我一生干得最成功的一件事。每次夫妻间有点小摩擦，我就用这句话来哄老婆，成效显著。有这样的效果，不是因为我拍老婆马屁拍得到位，而是老婆知道这的确是我的心里话。

我是江西财经大学工业经济管理系（现为工商管理学院）的首届学生，当时系里只有这一个班。1980年，我们系又只招一个班。我是系团总支宣传委员，类似画画、写诗、出板报等活儿基本是我干的。因而，班上同学将我划为"艺术界人士"（班上还有体育界、政治界、无党派人士等）。

1980年国庆节，系里举办欢迎80级新生晚会，让我写首开场朗诵诗（可惜没有保留下来）。按照分工，我完成任务后，就交给80级的新生，由他们指派人朗诵。

迎新晚会开始后，伴随着优美的音乐，一位女生穿件玫瑰色的衣裳缓缓上台开始朗诵起来。一开始，我只是在品味自己"大作"的朗诵效果，并没有关注到朗诵者。"标准的女中音"、"不错，很到位"、"哟，这个女生很漂亮"，我的注意力慢慢地从品诗发展到品人。我发现这女生长得非常漂亮：清秀的脸庞，大大的眼睛，梳着齐肩的一对小辫，浑身散发着秀而不艳、纯而雅致的特殊气质。"清纯灵秀"是我当时对她的第一印象。

几个月后的一个傍晚，我和班上一位"情圣级"的同学在校园外散步。他冷不丁地推推我："老李，前面那个穿红衣服的女孩，值得你去追。"我顺着他示意的方向一看，正是迎新晚会上那位朗诵的女生。这时，我已经知道她叫周玫，是喝宜春秀江水长大的美女。

当晚，我反复想着"情圣级"同学的建议，反复回想着周玫的音容笑貌，彻夜未眠。最后得出一个结论：她就是我最想追求的那个人。

　　她当选为系学生会副主席后，我们之间的接触多了起来，彼此都感觉相互间接触得非常愉快。那时，她爱穿件玫瑰色的衣裳，我也就时常为这件玫瑰色衣裳以及她的主人魂牵梦绕。我开始了人生的第一次，也是唯一一次的恋爱旅程。

　　听到中央芭蕾舞团来南昌演出的消息，好友肖谋林帮我一番策划，我咬咬牙，从拮据的生活费中挤出专用经费，托人买了四张票，给了周玫两张，我再请肖谋林来给我打掩护。

　　那天的周玫特别地漂亮，一坐上校车就引来车上一番议论。恰巧，坐在我前排的是79级财政系的几个女生，其中一个拿着本《大众电影》，封面人物是当红演员龚雪，她们对周玫悄悄议论开来："快看，这女孩长得真漂亮。""哪个班的？""80级的，是漂亮，你们看看长得像龚雪不？"我听后心里美滋滋的。

　　走进江西艺术剧院，我安排周玫坐在我身边，她似乎明白了一些我的暗示。

　　看完节目回到学校，我兴奋地整晚没睡，第一次和女生看演出，第一欣赏到美轮美奂的芭蕾舞，激动，非常激动，心情特别地好。当夜，打着手电筒写了一首小诗：

天鹅湖

——观芭蕾舞《小天鹅之死》

颤抖着纤弱的翅膀
孤鸣在荒芜的湖荡
离群的小天鹅哟
孤独凄凉

是你对蓝天的眷恋
还是对未来的向往
顽强的小天鹅哟
仰首欲翔

那声声绝唱
撼动着江河和山莽
可爱的小天鹅哟
永眠异乡

　　1981年的国庆节恰与中秋节同一天，我俩第一次单独约会了，我开始了第一次，也是唯一一次的恋爱。

　　我们坐在南昌市八一广场的草地上，欣赏着天上那圆圆的月亮。这夜的月亮应当是我此生见到的最美的月亮。

此后，我俩经常在学校的图书馆见面，相互帮助到图书馆占位置，相互推荐一些好书，虽然没有多少交流，可坐在一起写作业、阅读的感觉真的很好。

翻开大学期间的日记，可以发现在恋爱期间的记录最为频繁，我在日记里写了不少酸酸的东西，不记得当时给没给周玫看过。

静夜思

——赠小玫

风吹树叶沙沙响，
惊得小鸟飞远方；
小鸟月中飞回转哟，
衔一支玫瑰栽进我心房。

风吹树叶沙沙响，
惊醒沉睡的海港；
海港张迎着臂膀哟，
期待着船儿依偎细诉衷肠。

当时的大学是明令禁止学生谈恋爱的，以部队转业干部为主流的江西财经学院对此更是严加制止。记得当时的教务处还专门召开女生会，强调、规劝、恐吓女生不准、不要、不能谈恋爱。教务处处长操着浓厚地方口音的普通话（我们戏称为"塑料普通话"），对我们男生威胁道："你们好不容易考上泰好（大学），不好好突书（读书），就想到团（谈）恋爱，晚上钻树梁子（林子），我下次就带人拿手电筒切沙（去射）。"

氛围的影响和一些其他因素的干扰，我俩的恋爱几经曲折，让我在欣喜、痛苦的循环中周转。我当年的日记中有诗作为当时心情的写照：

诉衷情

一

当年共挽手，衷情似水流；
相思梦忽断，泪流湿被头；
思君满谷愁，等君到鬓秋；
海枯天未灭，此情永珍留。

二

> 我们曾经把她珍惜，
> 你却悄然放弃；
> 我在绵绵沉思中，
> 将她慢慢拾起，
> 拾起昨天玛瑙般的记忆，
> 镶进蓝色的梦里。

我毕业的时候，唯恐次年周玫毕业时没有进京指标，就放弃了分配到铁道部工作的机会而留在南昌。一年的等待，周玫毕业了，为了我，她放弃了去北京中央部委工作的机会。

几经周折，我俩在 1985 年 10 月 1 日举行婚礼。今天流行一个词——裸婚，其实，当年我们是真正的裸婚。为了我们结婚，我父母竭尽努力。长子成家立业，他们是高度重视的，无奈没有经济实力。父亲很多年前就陆陆续续到福建山区买来些木头，用此材料为我打了"五件套"家具。我为减轻父母压力，以长途运输会碰坏油漆为由，让他们把这套"裸家具"运到南昌，我自己花钱请人来油漆。母亲为我们准备了当时还算丰厚的床上用品，宜春和鹰潭来的学员送了些锅碗瓢盆之类，党校分了间十来平方米的房子。周玫同志就这样被我"骗"到手了，我俩的幸福生活就这样拉开了帷幕。

事实证明：我老婆是相当优秀的，我当年的苦苦追求是相当正确的。说几件我老婆的英雄事迹，大家就知道我绝非恭维之言。

1985 年我们结婚的时候，老婆拿出 600 元交给我母亲，说作为添置婚庆物品所用。在那个稀罕万元户的年代，600 元已是我全年工资的总和。我母亲捧着钱流泪了，她知道，刚刚参加工作、未过门的媳妇给的钱，是读书期间从父母给的生活费中省下来的，是从工作刚刚一年多的微薄工资中积攒下来的。很多年以后，母亲都在说这件事情，总觉得亏欠了我老婆什么。到她老人家临终的时候，最后呼唤的也是周玫的名字。

我们结婚后，我弟弟步强高考落榜。我知道弟弟不是个读书的材料，就想让他做生意。但我老婆坚决反对，说不读书怎么行？还主动邀请他来南昌补习。那时候我们两口子收入低，增加了一个读书的人，手头越发紧张了。但我老婆从没有半点怨气，总是说："好好计划下，肯定可以过好的。"我们每月制定了"家庭开支预算"，这个开支预算细化到每天、每顿饭、每道菜的资金限额，考虑到我们来往客人较多，还留下了接待费。就这样，我弟弟在我们身边生活了一年的时间。十几年后，周玫又让我二妹的女儿刘斯文来南昌读小学一年级。老婆对我的家人，尤其是对他们读书方面的重视和支持，不是一般人的老婆能做到的。

　　1991 年，我提拔担任省委党校经济管理教研室副主任。不久，省委组织部要调一批年轻干部下派到县市挂职锻炼，党校校委将我列入拟派人选中，并征求我的意见。当时，我儿子李梦舟才四岁。我考虑到孩子太小，老婆又不擅长家务，就想放弃这次机会。我回家和老婆商量，她态度坚决，说这是一次锻炼自己的机会，且有利于我事业的发展。在老婆的支持下，我于 1991 年 4 月下派到新干县挂职锻炼。这期间，我老婆吃苦了，尤其是小孩子有个头痛脑热的时候，更是如此。

　　2000 年 1 月，我担任省委党校副校长职务后，老婆经常在枕边叮嘱："我们是学者出身，应当有自己的政治品格。你分管基建、总务、财务等敏感工作，千万不要在钱方面出问题。"一些学员来看我时都会送些当地的土特产，我拿回家她都会盘问来路，对我出去应酬总会盘问再三。有时我对她这种盘问很是反感，但最终还是理解她的良苦用心。

　　2002 年，我产生了辞去领导职务经商的念头，首先就向老婆请示，她一开始是反对的。但我说"如果我不体验一下经商的过程，老了以后会后悔的"，她略加思索就批准了我的请示："那你就去体验一下吧。你顺利的话，或许能探索出一条路子来；不顺利的话，我也养得起你。"这气魄，可让一些男人汗颜。

　　我老婆是一个事业心很强的人，但为了我的事业、为了我们的孩子、为了我们的家，她有 10 年左右的时间没有经营自己的事业。随着孩子慢慢长大，她开始干自己的事业了。她到上海财经大学读硕士，后又攻读本校的产业经济学博士。尤其是担任江西财经大学 EMBA 学院院长以后，几乎全心扑在了工作上。

　　"我是有很多缺点，但在大事情上我是拎得清的。"我老婆多次这样自我评价。老婆，我拥护你这个英明的结论。

　　在夜深人静的时候，望着身边的爱妻，想想当年穿件玫瑰色衣裳的她，想想我和爱妻走过的 30 多年路程，我总会得出一个结论：我此生最大的成功，就是娶到如此优秀的妻子。

认识爱情

一

我们这代人大多对爱情的追求是迟钝的。

刚刚下乡插队当知青的时候，大家都十七八岁，自然没有多少爱情故事和桃色事件。后来集中到大队的知青点上，一群二十一二岁的男女天天吃住在一块儿，男女间的故事也是寥寥无几。

说一个今天的年轻人都不相信的事情：我们知青农场种的十几亩西瓜快熟了，为了捍卫自己的劳动成果，晚上就要轮值守瓜。全用女知青不安全，全用男知青又影响第二天劳动力调配，因而农场采取一男一女搭配的方式。都是二十岁左右的青年男女，薄衣单裤，彻夜相处，两人也就是聊聊天，轮流打个瞌睡，根本就没有其他非分之想。那个时代特殊的社会氛围，让我们这代人在性方面很是迟钝。但对爱情持认真的态度，才是我们这代人"懂事晚"的根本原因。某男生想追求某女生，一定是想让这位女生嫁给他。

现在大学生流行"恋爱实习期"，青年男女相互在性方面的随便是我们不敢想象的。一位在大学负责后勤工作的朋友说，学生宿舍的下水道经常是堵塞的，一清理，全是避孕套惹的祸。另有媒体称，大学生之间恋爱最后发展到结婚的不到20%。这就充分说明，现今大学生之间的恋爱是不太认真的。

我们这代人追求爱情的过程是漫长的。

两情相悦，两人慢慢地接触，接触多了才敢在没有人的时候握握手，握了无数次的手，胆大的男生才敢拥抱女生。就是拥抱往往还要经历女生坚决拒绝、假装拒绝、不拒绝这样的"三步走战略"，亲吻更是漫长而漫长的历史阶段。女生不拒绝亲吻了，就该谈婚论嫁了。到了洞房花烛夜，两人才能真正共享男欢女爱的愉悦。

漫长的恋爱过程，是双方相互了解的过程，是双方共同期待的过程，也是双方情感慢慢发酵、酿造、升华的过程。

今天年轻人的爱情观与我们当年比较，真不知道是进步还是倒退。但我以为，爱情应当是认真的：认真地选择恋爱的对象，认真地处理性与爱的关系，认真地承担起自己的责任。

二

爱人是山峰上的女神，恋爱，就是在攀峰追求女神；结婚，就是你拥着女神观赏美景；婚后，女神变成女人，和你一起分担着生活的责任，分享着生活的快乐。

不知道是我追求的女神站得太高，还是我所处地方的海拔太低，我攀登的时间特别的长；不知道是否越珍贵的就一定越难获取，我的恋爱经历了很多的风风雨雨；不知道是否越是不容易获得的，就会越加珍惜，我总认为讨到周玫这样的老婆是我此生最大的幸福。

恋爱就是攀登，每一步都让你感到那样不踏实。我这样对她是对还是错？不踏实。唯恐自己的言行得罪了女神，让她拂袖而去，不踏实。外来的风风雨雨，吹打着我和她，让人摇晃不定，不踏实。你的每一步都可能在摇摆中让你回到原地。

恋爱就是攀登，需要你坚持再坚持。精诚所至，金石为开。没有对恋人的执着，一遇挫折就退缩，不是你爱她爱得不深，就是你本身不具备爱她的能力。

恋爱就是攀登，成功的攀登让人终身受益。一个人可以事业不成功，但爱情一定要成功；一个人可以没有多少钱、可以不当官，但不能没有知心爱人。

修成爱情的正果，是人生最大的幸福。

谢谢我的女神，谢谢我的妻子，给予了我人生最大的幸福。

三

成龙的电影与李连杰的电影比较起来，我更喜欢后者。从功夫角度来评判，两人的功夫视觉效果都很好，但李连杰的电影思想性更强。在成龙主演的电影中，我最喜欢的是他与韩国美女金喜善倾情出演的《神话》。这个虚幻的、穿越时空的爱情神话，给了我一个真实的感动。其中的插曲《美丽的神话》是我最喜欢的抒情歌曲之一，也是我卡拉 OK 时必定点唱的歌曲。

"梦中人，熟悉的脸孔，你是我守候的温柔。就算泪水淹没天地我不会放手……"抒情委婉的旋律，滴着挚爱泪水的歌词，唯美神圣的画面，足以让真正爱过的人品味出爱情的万般滋味。尤其是"万世沧桑唯有爱是永远的神话"这句歌词，诠释了爱情的崇高、永恒和珍贵。

爱情是人类最圣洁的情感。你真正爱上一个人，就会在心灵深处激发不停歇的激情。这种激情似飓风，会搅得人心之海汹涌澎湃；这种激情似激流，会在人的心岸冲刷出永不泯灭的痕迹；这种激情似火焰，会在人的心底燃起熊熊烈火。

人生是争取获得的过程，爱情是人生最珍贵的获得。金钱、官禄、荣誉、地位、情感等，都是人们毕生在争取获得的东西，而真正的爱情是最为珍贵的获得。因为：人们在解决生存问题的前提下，对爱情追求的欲望胜于其他追求；一个人获得真正爱情的权利只有一次，而金钱、官禄、荣誉、地位、其他情感获得的机会可以有很多次；获得真正的爱情可以享用终身，其他获得都只能享用一时。

爱情是最具时空穿透力的。初恋能够让人铭记终身，爱情可以跨越地域、文化，一日夫妻可以制造出百年恩情，82 岁的人可以和 28 岁的人擦出爱的火花，都证明了爱情的时空穿透力。

爱情是成本最高的获得。爱的追求，爱的维护，爱的经营，爱的牺牲，这些往往要投入终身的时间。

"悲伤岁月唯有爱是永远的神话，谁都没有遗忘古老的誓言，你的泪水化为漫天飞舞的彩蝶，爱是翼下之风两心相随自在飞。你是我心中唯一美丽的神话。"愿我们每个人，都能成为爱情神话故事中的主角。

第三篇　步步赶超

啊！春天的故事。

一九七九年那是一个春天，有一位老人，在中国的南海边画了一个圈，神话般地崛起座座城，奇迹般地聚起座座金山。春雷啊，唤醒了长城内外；春辉啊，暖透了大江两岸。啊！中国！你迈开了气壮山河的新步伐，走进万象更新的春天。

一九九二年又是一个春天，有一位老人，在中国的南海边写下诗篇。天地间荡起滚滚春潮，征途上扬起浩浩风帆。春风啊，吹绿了东方神州；春雨啊，滋润了华夏故园。啊！中国！你展开了一幅百年的新画卷，捧出万紫千红的春天。

——蒋开儒、叶旭全《春天的故事》歌词

我要珍惜时代给予的机遇，我要看到自己起点低的现实，我要脚踏实地地付出比别人更多的艰辛和努力，在奋斗的路上一步一步地赶上和超越他人。

——笔者日记

争当一流是很重要的职业意识

有这样一个小故事：一位哲人碰到三个正在工作的石匠。他问第一位石匠："你在干什么？"回答："我在为盖教堂打石头。"他问第二位石匠："你在干什么？"回答："我在想怎样加工出最适合盖教堂的石头。"他问第三位石匠："你在干什么？"回答："我在想盖最好的教堂应该用怎样的石头。"

十几年过去了，哲人发现三个石匠有了不同的归宿。第一位石匠还像十几年前一样干着石匠活儿，第二位石匠成为了全国著名的石匠技师，第三位石匠成为了全国著名的教堂建筑设计师。三个当年从事同样工作的人，在同一职业上创造出不同的职业成就，其主要原因是不同的职业意识使然。

1983年6月，大学毕业分配工作开始了。江西财经大学当时有近1/3的指标是国家部委。班主任找我谈话："你是班上唯一的铁路子弟，现在有个铁道部工业总局的指标，你去怎样？"我考虑到已经和师妹周玫在谈恋爱了，万一明年没有进京指标岂不两地分居？所以没有答应。"你科研能力较强（发表过论文嘛，毕业论文又是优秀），表达能力很好，那就留校任教？"我同意了，因为在大学当教员在我看来是很神圣的，当教授本是我的理想。拿着派遣单我回到鹰潭父母身边，等着学校开学后来报到上班。

回家一个多星期后，收到学校的电报："分配方案有变，速归。"回到学校才知道，是江西省委党校来学校要人，选中了我。党校，什么是党校？党校是干啥的？我向班主任提出了几个疑问。班主任很简单地回答我："那你自己去打听打听，给你两天的时间答复我。"

我把这事告诉了女朋友周玫，共同来商量，她的闺密恰巧有熟人在省委党校工作。就这样，我来到省委党校找到战勇老师家，询问了有关情况。他介绍的情况中有三点打动了我：有校刊可以发表文章，有寒暑假，县委书记都是我的学生。

"你一不问住房，二不问福利，开口就问有没有校刊，我就知道你是个好苗子。"战勇老师很多年以后对我说。

我喜欢写写东西，自然有无校刊是重要的。有寒暑假，本是我选择教师职业的重要因素，也成为是否到党校工作的关心点。前两个条件党校和财大同样具备，而"县委书记都是我的学生"就成为我在财大和党校间做出选择的关键因素。我想想在知青时代，生产队长、大队长主宰着我们的命运，公社党委书记在我们心中就像毛主席一样伟大崇高。现在要我当县委书记的老师，那定然是一个了不起的岗位，是一件值得干的事情。就是这个农民式的想法，促使我决定到党校工作。

到党校报到后，我和张友南、闵罗琅等四个财大校友一块儿分配到政治经济学教研室任教员。几天后，浙江农大农业经济管理专业的马卫光也来报到了。

党校一开学，我就在学员名单中发现了当年我的公社书记邬九峰的名字。巧吧，我还真成了当年公社书记的老师。几个月后，党校成立经济管理教研室，我人生中的第三个恩师——钟尧然同志，带着我们开启了党校经济管理学科建设的历史。

记得是 1985 年元旦，钟老师召集教研室同仁聚餐。一向严谨的他那天兴致极高，在我们一帮青年人敬过酒后，他端着酒杯来敬我："小李，你发个誓，一定要成为江西一流的经济管理学教授！""不敢，不敢！"我一方面是为了躲酒，更重要的是参加工作不久的我根本就不敢发这样的誓言。在他再三催促下，我大声地当众发誓："我李步超，一定要成为江西一流的经济管理学教授！"他高兴地连连喝了三大杯，最后醉得一塌糊涂，弄得我很长一段时间见了师母温医生都不好意思。

恩师以醉酒为代价，让我发下了争当一流教授的誓言。我没有把这誓言当作酒后胡言，而是在钟老师的指导下认真地实践着。

和我们一块儿分配到党校工作的高校毕业生，男男女女 18 个，我们借用样板戏《沙家浜》里的说法，把自己号称为"18 棵青松"。省委党校的住房本来就紧张，一下增加"18 棵青松"还真没有地方"栽种"。学校为我们腾出了一栋学员宿舍——12 号楼（我们简称 12 栋），将我们集中安排下来了。小小的 12 栋就是两层的筒子楼，每一层十多个房间，楼上一个男卫生间，楼下一个女卫生间。

这"18 棵青松"可不简单，有三个是北京大学的，还有南开大学的、山东大学的、厦门大学的，不少高官子女也委屈地"混迹"在我们当中。我清醒地认识到自己的弱势，可我没有胆怯。我在日记中写道："我要珍惜时代给予的机遇，我要看到自己起点低的现实，我要脚踏实地地付出比别人更多的艰辛和努力，在奋斗的路上一步一步地赶上和超越他人。"

讲好课、多发表论文，这是我超越的途径，是我努力的抓手。

在我们"18 棵青松"中，我是第一批走上讲台的教员。在政治经济学理论班，我讲了《工业经济管理》的一章，好像是一炮打响了。立下誓言的次年，全校评出三个教员为优秀教学奖，我是其中之一，也是唯一一位年轻教员。与此同时，我的科研工作也很快找到了感觉。

我结婚生子后，仍然在筒子楼一间小屋里蜗居。那不到 15 平方米的小屋，是我们一家三口蜗居的地方。一张床占据了主要的地盘，床对面是一张小书桌，衣柜隔挡在床与门之间，作为遮蔽隐私的屏障。我先是在走廊里架起个煤油炉做饭，后来党校在一楼沿着围墙建了一排矮小的临时建筑作为我们的厨房。这个厨房也就 6 平方米左右，可它集合了我家烧饭、吃饭、保姆住宿等综合功能。

为了不影响妻儿休息，晚上我先上床陪他们睡一会儿，等妻儿睡着了，我就悄悄穿衣起床，打开台灯，拉上遮挡光线的布帘和已经预备好的书与资料，开始工作。我往往一干就是通宵。就这样，我曾经创造了一年在国家级、省级刊物发表 10 篇论文的纪录。

时代给了我发展的机遇和空间，党校给了我很好的发展平台，组织为我的赶超加油助威。

1983 年底，我参加了江西省政府委托省委党校牵头、省政府各个部门参加的《江西省情汇要》的编写工作。我协助钟尧然同志负责其中《工业篇》的编写。

我们将全省各个工业相关厅局和各地市工业主管部门抽调的优秀人才集合起来，确定编写大纲，修改稿件。这不得了，浩瀚的资料和大量的书稿，在我拥挤的办公室堆起了小山。实在没有办法开展工作了，省政府为我们编写小组在省政府的宾馆开了几个房间，这才舒缓了些工作的空间。历时一年多，终于编写出第一本全面反映江西社会经济文化等省情的资料书——《江西省情汇要》，并公开出版了。

大学毕业不久就参加如此重要的工作，不仅让我打开了视野，接触了社会，更让我对江西工业的情况有了全面的认识，为我的科研由企业管理向区域经济发展领域转型打下了基础。

1985 年 9 月，就在《江西省情汇要》进入尾声时，省委党校推荐我到中央党校师资班培训一个学期。我职业生涯的第一次出差就一脚迈进了北京，迈进了中央党校这神圣的大门。

我一个来自小城市的建筑工人，带着浓厚的农民气息，住在一人一间开着暖气的学员宿舍，国家给我工资和津贴供我看书、听课、学习，那个幸福感就别提了。

在那些日子里，我时常会做这样的梦：在农村"双抢"的时候，我大汗淋漓，口渴难耐，就去田埂边的水池喝水。我刚刚趴下来准备伏下头喝水，一条蛇快速地从草丛中游了过来……我惊醒后，久久难以入眠。为什么会做这样的梦？我想恐怕是这样两个缘故：北方的冬天室内干燥，睡梦中的我想喝水了；我经常在睡前回想那知青岁月和做建筑工的种种艰辛，梦中就把我拉回到那知青岁月了。

四个月的学习，我还真是蛮刻苦、挺努力的。中央党校的图书馆是我课余的常去之地。我在那里，重点阅读那些省委党校接触不到的资料和图书。中央各部委领导的讲课，中央党校和全国著名教授的课程，都让我眼界大开，我的学术视野和社会视野都更加宽广了。

结业了，我们走进了人民大会堂。按照学校的安排，中央领导接见了我们这些学员。我第一次走进人民大会堂，第一次和中央最高领导人握手、合影，第一次近距离地聆听领导讲话。说实在话，这真让初出茅庐的我有些诚惶诚恐，有点刘姥姥进大观园的意思。以致走出人民大会堂、坐上回校的汽车后，我还心潮澎湃。

1987年夏天，我又去大连参加全国党校系统一个月的理论培训，就住在海边。

我第一次看到大海。

望着无垠的大海，特别是看过12级台风刚过后的大海，我觉得自己真的渺小无比；傍晚在海边散步，披着夕阳，踏着海浪，我莫名其妙地就会联想到鹰潭的信江、知青农场房后的水库……

铭记昨天的艰辛，珍惜今天的机会，干好手上的事情，争做一流的学者，实现赶超的目标。我那个时候心中想得最多的，就是这些。

四年后——1991年，我在教学、科研上已经基本成熟了，已经是省委党校教学的主干力量。我从在理论班讲一上午专题课，到讲一门系统课程，到全面走向青干班、县处班、地厅班等各种班次的教学之路。该年1月，我被提拔为经济管理教研室副主任；4月，受省委组织部委派，到江西新干县政府挂职锻炼。

1992年春天，县领导班子组织学习，传达了邓小平同志南方谈话的主要精神。我听完文件传达后大为振奋！虽然，当时还没有完整的邓小平同志南方谈话的全部内容，但他老人家谈话中的几个提法让我欢欣、振奋。"步子要快一点，胆子要大一点"、"社会主义也有市场经济"、"社会主义初级阶段"……凭着党校教员的政治敏感和嗅觉，我意识到，又有一部影响中国明天的时代大剧将要揭开大幕了，中国将开启一个改革开放、快速发展的新时代。但大大出乎我这样一个学者想象的是，中国的这部时代大剧会如此精彩、如此壮阔、如此辉煌。

5月，省委党校命我提前结束挂职锻炼，回校主持经济管理教研室的工作。8月，省委党校组织全校各单位负责人去深圳调研考察。

这是我第二次到深圳。记得第一次去深圳是 1987 年，我带着大中型企业党委书记班学员去深圳考察。那时给我的印象最深的，就是深圳到处在建设，整个深圳就是工地，到处是大卡车扬起的尘土。

时隔几年，再次来到深圳，感觉就不一样了。那栋栋高楼大厦，处处弥漫着的现代化气息，尤其是人们的思想和理念，真的与我们内地大不相同。我到一家全国著名冰箱厂考察，展厅里放着一台冰箱，工厂负责人介绍说这是该企业用榔头敲打出来的第一台冰箱。

我是学工业经济管理出身，工业技术和一般原理我还是懂点的。于是就提出了一个自认为很专业的问题："这冰箱的压缩机总用榔头敲不出来吧？"他回答："是的！但现在全国人民需要冰箱，生产冰箱好卖，好挣钱。我不可能等研究出压缩机后再来生产冰箱。那我就进口压缩机和其他零部件，先用榔头敲个冰箱外壳，卖了挣钱再说。挣到钱了，我们就有钱请能人来研究它，有钱买技术买设备来生产零部件，从容易替代的零部件入手，逐步来替代这些进口部件。到现在，我们冰箱 90% 的零部件是自己生产的。用不了几年，我们不仅要实现全部国产化，还要生产出世界上最好的冰箱，出口到美国去，出口到日本去。"

这番话，让我茅塞顿开。我看过一个资料，江西某厂在全国第一个成功研制出家用冰箱，但市场上根本就没有见到这个厂的冰箱。这为我研究江西工业发展问题提供了重要的方向。

与当地官员交流，他们发展经济的思路和方法也大大超越我们。特别是，当地党校根据新形势的需要，大胆尝试教学内容的改革，引起我们的高度关注和争论。

回南昌后，校领导带我们直接上南昌市郊的梅岭山上，闭门开会研究党校教学改革问题。在炎热的季节，我们会上的讨论、争论也非常火热。我是主张创新改革的，主张学习深圳的经验，在培训中应大幅度增加干部经济建设能力训练的内容。最后，解放思想，大胆改革成为了会议的主流，会上做出了：由过去"读马列原著为主"改为精读马列；突出邓小平一系列讲话精神的学习和宣讲；增加经济、管理、法律、计算机等经济建设必备知识的课程……

我个人认为，这是江西党校具有重要历史意义的会议，它将党校教学科研带进了一个新的阶段。

1996 年，我被提拔为经济管理教研室主任。1999 年，省委组织部推荐我参加中央组织部的"38 期领导干部经济管理研究班"，在新加坡学习一个月。

整整一个月，我们学习新加坡社保体系建设、公积金管理制度、住房解决方案等先进的经验，考察基础设施建设，旁听议会会议，倾听老师讲现代科技知识，还是开了眼界的。

我很欣赏新加坡的建设和管理，他们的很多经验很值得我们借鉴。但总觉得这也没有什么了不起，不就是个城市型的国家吗？我相信中国一定用不了很长的时间就能追赶上来并超过他们。

我一年一年地成熟起来了，在时代雨露的沐浴下渐渐成长起来了。

特别值得庆幸和感恩的是国家人才培养制度的改革。好像是在 1984～1985 年，国家在全国科研队伍人才匮乏的国情面前，推出了职称改革的举措和政策，制定了职称破格晋升的具体办法和条件。

我借鉴目标管理这一企业管理的方法，将文件中关于申请破格晋升的条件部分复印下来，根据自己的情况进行了认真分析，圈定自己向哪几个要求和指标努力，并做出了具体的年度推进计划。我连续三年，每年都有一篇研究江西经济发展对策的论文得到省委、省政府领导的关注，并做出批示；我从教 17 年累计发表论文、论著 120 余篇（部）。由于自己的刻苦，我在每个目标时间段都超额完成所列计划。就这样，我破格晋升为讲师、副教授，1996 年我又破格晋升为教授。

本科毕业 13 年的时间，我走完了从助教到教授的路程，在"18 棵青松"中是跑得最快的。

我可以自豪地说：我实践了自己的诺言。

回顾自己的一点成就，我真的应当感谢时代给予的机遇，感谢党校这个平台，感谢恩师钟尧然先生的指点，也庆幸自己树立了"争当一流"的职业意识。

我曾经很多次对刚刚参加工作的年轻人说：事业上能否有所成就，不在于你有多大的抱负，而在于你能否将手上的事情干成一流。我也曾经用开玩笑的方式表达同样的观点：如果要我去扫厕所，我也要打点出江西最干净的厕所。

"没有最好，只有更好"，将手上的事干成一流，用高一层次的标准要求自己。

争当一流，绝不是空洞的口号，而是一个完整的行动体系：争当一流，是一种奋斗目标，是高于他人的奋斗目标；争当一流，是一种工作态度，是一种更加执着、更加勤奋、更多付出的工作态度；争当一流，是一种工作标准，是一种比他人要求更高、更加精细的工作标准，是一种在"没有最好，只有更好"的理念下追求更高标准的过程。

孔子曰："取乎其上，得乎其中；取乎其中，得乎其下；取乎其下，则无所得矣。"《孙子兵法》云："求其上，得其中；求其中，得其下；求其下，必败。"

"争当一流"既是职业人应具备的职业意识，也是决定职业人成败的关键所在。

做学问的快乐

做学问是我的爱好，我的骨子里就是个做学问的人。从政、经商都不是我的最爱、我的天性。至今。我引以为豪的还是我的教授生涯。

从企业管理研究向江西区域经济发展研究转型，是我一到党校后钟老师就开始引导的，但真正启动的契机是编写《江西省情汇要》。

真正进入角色，还是钟尧然带着我们几个年轻人做了一个《推进江西农业工业化》课题。接着我和卢伟平合作的《台湾农业发展的启示录》，受到时任江西省省长赵增益的关注，他指示有关部门将其作为全省领导干部的学习资料印发，这激起了我研究的兴趣和激情。

在省委的布置下，我撰写了题为《学会"反弹琵琶"加快工业发展》的长篇论文（该论文节录在本书第五篇中），提出了江西省工业应从市场抓起，从后道工序抓起，从最终产品抓起，从科技抓起的工业发展的思维方式。

根据我对江西干部的了解，针对他们普遍存在的思维习惯，提出了一些当时有创新性的观点：我们要敢于找米下锅，敢于上有市场而本地无资源的项目；要敢于上市场未启动或刚启动，但市场前景看好的项目；要敢于上有市场无技术、回报值高的高新产业项目；要用新技术来改造资源加工型工业，提高江西省传统产品的技术含量；上项目不能重复落后，更不能制造新的落后；要敢于上规模，从市场竞争需要出发，实施大公司、大集团战略。

文章出来后得到省委、省政府领导的高度评价。这篇文章应当说是我独立完成的、比较能代表我的工业经济研究水平的"成名作"。该文在江西社科院《内部论坛》刊登后，在省委党校校刊《求实》1997年第5期正式公开发表。我以此文为讲稿，在党校、地市县宣讲，效果还是不错的。

第二篇比较能代表我学术水平的文章是《经济发展应追求产业连锁效应——对两道难题一起解的几点思考》。这篇文章是我读了美国经济学家 Albert O. Hirschman 的《经济发展战略》一书后，受其理论影响而产生的一个课题：作为工业基础相对较差的江西如何推进工业化？我提出了"要实现工业化，就必须弱化工农间的互竞性，强化工农间的互补性"；提出江西应当采取工农连锁发展这一石二鸟的产业政策，化解江西存在的产业孤岛效应；建议通过发展一批农工综合体型的大企业、大集团等方式，加速工业向农业和农村方向调整；通过围绕农产品加工业来办农业、农户挂连公司等方式，促进农业向工业方向调整。

那时候江西还没有大型超市，但文中我预测了农副产品进超市是未来的趋势，江西的农业不仅要满足"菜篮子"和"米袋子"，更要做到能够上超市的"货架子"。这个预测得到了实践的验证。

此文先在江西社科院《内部论坛》刊登，受到省委主要领导的高度关注，并做出批示给予肯定，要求省有关领导干部阅读和学习。不少地市将此文作为中心组学习的内容，并邀请我做专题报告。后来，该文在《江西社会科学》1999年第 11 期正式公开发表。这篇文章应当是我研究区域经济的"代表作"（该文收录在本书第五篇中）。

前面说过，我在研究区域经济之前，主要的研究方向是企业管理，重点是市场营销。在这一研究领域，我先后形成了《产品竞争的逆向策略》、《竞争优势论》等一批成果。

1984 年开始，不知道是何缘由，我开始对兵法产生了浓厚的兴趣。我用了两三年的时间，几乎将可以找到的中国古代兵法书读了个遍。结合自己对企业经营战略和战术的研究，我产生了能否用兵法来研究企业竞争的想法。1986 年初，我写了一篇稿子，找到《企业经济》的主编谈了自己的一些想法，他很兴奋地建议我搞个连载。就这样，形成了《企业家谋略研究》之谋深计远、未战先算、避实就虚、出奇制胜、随机应变五篇文章（部分收录在本书第五篇中），并从1986 年 6 月起开始连载。

现在来看，这些 1986 年的研究成果很是肤浅，文笔也嫩。但在刚刚走进商品经济的当时，无论研究的角度，还是其中的一些经营理念，还是有点意思的，受到企业界的好评，因此也赚了稿酬、课酬，为家里添置第一台彩电做了些贡献。

由于研究和写作是我的爱好，不写点东西我就会难受，因而勤于笔耕。虽然水平一般，但我在别人看来很痛苦的研究和写作中能够找到快乐。可以说，做学问是我一生中最快乐的事情。

我留恋当教授做学问的日子。做学问才是我此生最应当做的事情，也可能是唯一做得比较好的事情。

同事友谊万岁

　　我到党校不久，学校就决定以钟尧然为首，组建江西省委党校经济管理教研室。在钟老师的带领下，冯江南、张友南、马卫光、闵罗琅等7个人，开始了对党校系统开设经济管理课程的探索。不久，康仁非、傅江景、卢伟平、王蕾、朱斌华等又加入到我们的团队中。记得教研室兵马最多的时候有13个人，用人才济济、充满生气来形容当时教研室的情景一点都不为过。这些来自全国各地的本科生、硕士生，个个业务素质高、工作干劲大，教研室在钟老师的带领下生机勃勃。

　　我们的头儿钟尧然是个非常严谨的人。他不苟言笑，做事认真。他对别人认真，对自己也认真。除了看书、偶尔看几场电影，他几乎没有任何其他的爱好。一开始，他要求我们每人都要写讲稿，讲稿还要经过他审查。我们交上的讲稿他都用红笔认真地点评、修改。

　　我是个有点个性的人，有啥就说啥，带着浓厚的知青气息，对他那套严谨的知识分子做派很不适应，甚至有点厌烦。因而，时常充当为这些小兄弟打抱不平的角色，和他发生些口角（估计他对我也产生了一些不好的看法）。但我认准一条，钟老师是好人，他也是真心地为我们好。随着时间的推移，我们彼此慢慢地适应了，逐渐相互信任起来，工作相处得很愉快，我成为他业务上的得力助手。

　　1990年，钟老师提拔到江西省体制改革委员会任副主任。他调任后不久的一天晚上，天下着大雨，他跑到我三室一厅的新家，让我调到省体改委去。我立马表态：士为知己者死。此事，后因党校的极力阻止没办成，我还是留在了党校工作。他升调江西经济管理学院任书记、院长后，也到省有关部门做工作，欲调我去当他的助手。在此，谢谢钟老师的信任。

　　冯江南是先我们几年到党校的"老教员"，略长我们几岁，稳重细致，待人和气，也很有文采，思想很活跃，对我们新来的大学生很客气。我们共事不久后，他调到省出版社了。

　　张友南是我江西财经大学的同届校友，和我是同一天到党校报到的。我俩同住在党校 12 栋那筒子楼里，自然接触更多些。老张脾气温善，待人诚实，善于团结人，顾全大局，不计个人得失，有较强的组织能力。我俩长期保持着友好的兄弟感情和默契的工作合作，以至于不少人用"张三李四"来形容我俩密不可分的友情。

钟老师提拔到省体改委当副主任后，我和老张同时提拔为教研室副主任，他主持工作。我尊重老张，积极支持老张的工作。老张放手让我负责教学组织工作，他发挥自己的优势，做好人的思想工作。我俩的团结协助促进了整个教研室的团结，各项工作在全校各教研单位中还是比较突出的。后来，我担任副校长职务，老张担任教务处处长，我成为老张的上级了。这时候的老张又积极支持我，对我很是尊重。我辞去领导职务后，老张提拔到中国井冈山干部学院任副院长，对我仍然保持着以往的友情。我俩就是这样，在生活中亲如兄弟，在工作中相互配合。

马卫光是和我同一年到党校的，是浙江绍兴人。他是浙江农业大学经济管理专业毕业的，负责农业经济组；我是工业经济管理专业毕业的，负责工业经济组。我俩是浙江老乡，又同住过一间寝室，友谊自然超越一般。我还携他到财经大学留校同学那儿玩耍，想帮他介绍个女朋友呢。后来，小马调回浙江去了，他在宁波市任职时，我多次去拜访过他。后来他调任绍兴市任市长了，我们时常还会联系。

康仁非是我最欣赏的人。他的科研能力、知识积累都强于我。他性格直率，为人豪爽，很有点文人才子那种洒脱不羁的味道。我俩相互欣赏对方的科研能力，从来没有过文人间的相互嫉妒。我当过他的领导，但从来就没有真正领导过他（工作上他服从指挥），倒是他时常为我献计献策。后来，他向我申请调到广东东莞去，我是苦苦挽留。没有办法，他还是加入到当时"雁南飞"的阵列中。我至今都认为，小康"南飞"的决策是错误的，他若在江西理论界好好发展，是很有前途的。

傅江景是硕士研究生毕业分配到党校的。按照钟老师"以老带新"的安排，小傅来当我的助手。小傅是个智商很高的人，英语相当好，专业悟性强，言谈举止中给人以学者的气息。他高高的前额，总是面带一种有涵养的微笑，加上那副宽边眼镜，显得很有修养、很有学问。对小傅，我还真有点师傅的样子，帮助他研究课题、修改论文、联系发表等。在这个过程中，我们结下了深厚的友谊。后来，他调到佛山大学去了，干得很是出色，现在是教授、副校长了。

卢伟平是个老实、踏实、勤奋的人，硕士毕业到党校后，我俩时常合作研究课题，合作发表文章。在这些同事当中，小卢应当说是最适合做学问的。记得小卢刚刚到党校的时候，我发现他"的、得、地"时常用错，就专门和他交流了一番。后来，小卢调到省委办公厅任省委书记的秘书，这让党校的人议论了很长一段时间，以为他有什么特殊的来头。其实，我最清楚，小卢是个标准的农民家的孩子，是老实、踏实、勤奋和机遇成就了他。现在他也是个副厅级干部了。

王蕾、朱斌华后来成为了两口子，也加入了"雁南飞"的行列。他们两口子很有意思，是典型的性格倒置。王蕾性格上有点男孩子的味道，敢说敢干，快言快语。朱斌华则言语温和，斯斯文文。刚刚到党校来的时候，他们身上的学生气息较浓。我会以大哥的口吻提醒他们，也会为他们出面打抱不平。现在他们很幸福，一个担任市发改委主任，一个是大学教授，家庭经营得也很红火。

还有闵罗琅、黎红刚、周晓红、程家健等同事，都是我很好的朋友，大家相处得像一家人一样。虽然大家相处的过程中难免有点磕磕碰碰，但过后友好如初。在历任领导的努力下，教研室形成了一种特殊的文化氛围：团结协作，不争私利，开诚布公，利益互让，不搞阴谋；上班大家认认真真做学问，下班轰轰烈烈打扑克。

现在，当年的同事各奔东西了，但大家都还相互牵挂着。偶尔相遇，都高规格接待。酒桌上大家共叙当年，热闹非常。饭后大家又围着桌子，打个通宵扑克，钻钻桌子，嬉笑打闹一番。

在教研室的岁月，是我职业生涯中最开心的阶段。教研室的同事们，是我终身的挚友。

想念你们了，我的同事、战友。

珍惜那段从政体验

在几千年官本位的中国，当官从政是令人欣羡的职业，也是容易让人自以为是、自我膨胀的职业。

1991年1月，我被省委组织部任命为江西省委党校经济管理教研室副主任，算是踏上了为官的第一个台阶。4月，校委征求意见，要在我教研室两位副主任中选派一位下基层挂职锻炼。我自告奋勇地报了名，被派往新干县。

出于更多了解基层经济工作的目的，我没有按套路去县委挂职副书记，而是要求到政府任职。基于两年就要回党校工作的情况，而且任命副县长又要经过人大的任命，我要求直接任命县长助理。出于我的专业考虑，政府将我的分工做了明确：协助常务副县长刘水生同志分管乡镇企业工作，简单、明了、符合我研究的方向。就这样，我在新干县开始了为政的学习、实习。

当年我不满34岁，在当时属于很年轻的县领导了。憨厚、朴实、大智的水生成了我的师傅，带着我下基层调研，帮助县政府制定乡镇企业发展的政策，帮助乡镇考察项目，指导企业加强管理。县政府各位领导整天都忙忙碌碌，经常晚上开会研究问题，星期天也是如此，绝不像一些所谓的官场小说描写的，官员整天灯红酒绿，无所事事，钩心斗角，吃喝嫖赌。

根据我对江浙乡镇企业发展的调研和江西乡镇企业发展的实际情况，我向县委县政府提出了：我们应当学习浙江的经验，鼓励创业，以发展个体企业为主，少办乡镇集体企业；我们应当吸取浙江经济发展对环境破坏的教训，不搞村村冒烟，不提倡在村庄办工业，而是通过兴办县工业园区，形成企业集聚效应，集中排污治污。这些建议得到时任县委书记周青同志的重视和采纳，县里开始了第一个工业园的建设。现在，这个工业园已经成为新干县工业的主要聚集地，效果很是不错。

工作闲暇之余，水生和办公室的秘书们怕我寂寞，晚上有空的时候就在办公室陪我一块儿下棋、打牌。我的寝室就安排在政府办公楼的三楼，邻居都是政府部门的年轻人，很是热闹。夏天太热的时候，我就和这些年轻人一道，在办公楼顶铺上草席露宿。

一年多的时间很快就过去了，党校考虑到教学工作的需要，没到两年的时间就将我调回了。

我的这段经历，同我下乡一样重要。官场初体验，我了解了县域经济运作的实际情况，学会了官场议事、公文、会议等运作的规则，也学到了领导处事的一些技巧，为我研究区域经济发展奠定了一定的基础，为我以后的从政生涯积累了经验。

挂职锻炼回来后，我主持经济管理教研室的工作，1996年开始担任经济管理教研室主任。但作为一个教研单位的负责人，还不是真正意义上的官员，充其量就是一个学术单位的头头。真正担任领导职务，应当是2000年1月至2003年1月，我在江西省委党校副校长岗位上的三年。

回顾起来，这三年在副校长岗位上，我是小试牛刀，展示了一点管理能力和领导能力，发挥得也是酣畅淋漓。

当时，江西省委党校是一名省委副书记兼任校长，曹泽华同志任常务副校长，龚培兴、王晓春、张泰诚和我四位任副校长。除老曹是从省科技厅提拔调任的以外，其他人都是从省委党校各个教研单位提拔起来的，大家都是做学问的人，本没多少官场气息，因而很容易沟通。尤其班长老曹是个朴实真诚、带有浓厚文人气质的老领导，年纪又长我们十来岁，因而班子团结和谐，很好商量问题。

我按照校委的分工，分管后勤这一摊子，直接领导行政处（食堂、学员宿舍、后勤保障、卫生所、车队、基建）、保卫处、校办产业处、财务处、信息网络中心几个处室。我本是做学问出身，很不愿意分管这些"桌椅板凳腿，吃住车钱柜"。老曹就分工问题找我征求意见时，我就表现出老大的不愿意，并提出分管科研的愿望。可老曹几句话就把我按住了：你是财经大学毕业的经济管理学教授，你懂管理，把行政处这后勤管理的综合单位交给你管最合适；你懂财务，把财务处交给你管最合适；你懂经营，把校办产业处交给你管最合适。这番把我抬起来了的话，也有本是看你的专长才提拔你的，你不干不行的意思。我一方面是被老曹称赞得晕晕乎乎，另一方面也是由于服从组织安排的纪律，就愉快地接受了分工安排。

上任不久，召开全校教职工大会，宣布任命和分工，最后要刚提拔上来的晓春和我说几句，其实就是要我们表表态。我临时在主席台拟了副对联，作为发言的中心思想：两袖清风干好小事让大家高兴，勤勤恳恳多做好事保大家平安。横批：为你们服务。我结合大家对后勤工作的不满和期望，简要地表达了不贪、不懒、不做形象工程、改善福利、改进服务等初步想法。这个发言激起大家热烈的掌声，听得出来，这不是礼节式的掌声，而是大家的期许和认同。事后，老曹说："讲得不错，如果是竞选的话，你会增加很多票数。"

我上任后第一件大事，就是公房改革，也就是公租房改为商品房。这可以说是最后一次调整住房，也是公务人员最大的一笔福利分配，关系到每个人最大的切身利益。这种事情不可能有完整无缺的、让每个人都满意的方案，因而很是头痛。我和老曹说："这种事情，校委定个大原则，你就放权给我，让我独立处置。不然，你会很辛苦的。我是老党校，熟悉情况，又在教学、后勤两个方面均工作过，和大家沟通方便些。"他同意了我的意见，班子成员都很配合，工作小组的同志也都是能干、公正的好同志，很快就拿出一、二方案来公开征求大家的意见。

那时候，到我办公室来哭的、闹的、威胁的，无奇不有，我采取热情接待、耐心倾听、反复解释、尽量满足的方法接待来反映意见的同志。面对不同的意见和很多不合理的要求，我很快意识到，这项工作不能优柔寡断，只要公正、公平、公开和基本合理，就应当机立断、快刀斩乱麻。

一天晚上，我召集工作小组人员开会，最后一次听取反馈上来的大家对第二次方案的意见，在公平地、尽最大力量地满足大家要求的基础上，我拍板确定了最后的方案。并交代：这是最后的决策性方案，明天上午8点对外公布，同时解散工作小组，不再收集意见。工作小组的同志连夜加班，我则回家打点行李，坐第二天一早的火车出差，躲到上海去了。

一周后我从上海回来，党校风平浪静，大家都在按方案搬家。老曹对这个结果很满意，狠狠地表扬了我一番。

建设党校信息网络系统，是我干的又一项工作。估计是老曹在科技厅工作过的缘故，他对党校信息化建设的事情很敏感、很重视。校委决定成立信息网络中心，制定党校信息化建设规划，并由我分管此项工作。用了一年的时间，党校就完成了多媒体教学、远程教学、寝室和办公室网络入户等工作。我对这项工作接受得比较快，一下子就能找到感觉，这得益于在新加坡学习了一个月的经历。虽然那时候我还在教研部工作，但我喜欢琢磨的习惯让我对现代化学校的建设有了一个印象。

新任省委书记到江西工作不久，就到省委党校来视察。座谈的时候，他提出党校和行政学院合并、党校整体搬迁出闹市区的意见。这是党校面对的两项突如其来的重大变动。校委将两校合并的联络工作和新校址的选择工作交给了我。对我来说，其实带来了三件棘手的事情。

一是综合大楼的装修改造。当时，综合大楼装修改造方案已定，招投标工作也已经完成。特别麻烦的是：为了暑假能够竣工，已经按照方案将大楼的房间隔墙、窗门都拆除了。若考虑到学校要搬迁就不需要装修，而两个月后开学又必须加速装修，这就矛盾了。省委书记视察的当天晚上，校委就开会研究如何落实书记的指示。我就提出这个棘手的问题。最后，校委决定：在确保基本功能提升的前提下，以简单装修确保按计划开学。

老曹当时很为我担心，招标都已经完成了，一下子要下调2/3的工程量和造价，施工单位能否接受，设备采购单位能否接受。我当时就表态："没有问题"，并当即要行政处下达明天上午召集中标单位负责人开会的通知。第二天的会议上，我解释了工程量下调的原因和方案，并以坚决的语气表示：愿意接受下调的，欢迎大家继续按招标合同的定价，抓紧时间进场施工；不愿意接受下调的，可以撤出，投标费用由党校补贴。会议开得很顺利，半小时就解决了问题。我回到办公室向老曹复命，他很惊讶："已经解决了？"多年以后他对我说："步超，通过这件事情我对你更加放心了。这样的事情，你如果得了投标单位的好处，你不可能一下子就摆平的。"

二是新校园的选址。党校地处城市核心区，地理位置如同北京的新华门。教职员工都习惯了闹市的便利生活，对搬迁意见很大，抵触情绪很大。从工作角度来说，我认为省委的决策是正确的，这有利于党校事业的发展；从个人喜好来说，我厌烦拥挤的闹市，也想到新区落个安静；从理性来说，现在搬迁可以选择到低成本的好地，以后这种机会恐怕就没了。基于这些考虑，我和行政处的几个同志在南昌四处寻找、洽谈建设用地。南昌红谷滩新区当时正处在建设初期，非常欢迎省委党校入驻，有关领导答应将南昌大桥边的一块地作为党校建设用地。终生遗憾的是，当时党校教职工反对搬迁的声音巨大，给校委带来了很大的压力，我也没有以坚定的决心加以推动，此事最后不了了之。没有完成搬迁，没有能够建设一所现代化的党校，是我的失职和最大的遗憾。

三是党校和行政学院合并的具体操作。两个不同组织文化的单位要合到一个锅里吃饭，具体操作起来难度很大。记得是省委副书记将我们两个单位的领导班子成员，召集到常委会议室宣布省委决定的。他宣读完省委的决定后，要我们每个人都表态。我跟着大家说了些坚决拥护、坚决执行、积极推动之类的大话。事后，老曹带着我专门向副书记反映了这样一个问题和请求：省委党校的人头是行政学院的1/3，行政学院的经费盘子是省委党校的1/3，合并的财务压力非同一般，省财政应承担合并成本，否则党校的事业和工作将受到伤害。对此，副书记很重视，当着我们的面打电话向省委书记汇报。

两个学校合并后，带来的最大挑战是财务管理。原来的党校是预算管理，各个副校长分别管理各个口子预算内资金的审批和使用，我只是就预算外资金和自己口子的资金使用进行管理，相对比较轻松。合并后，为了防止出现财务管理混乱的问题，我提议并由校委做出决定：两校财务统一管理，并过渡性地采取财务一支笔的管理制度。这就将财务报销审批等财务管理权集中到我一个人身上。

面对这样烦琐的工作，我采取两个财务处长预审，每周集中一天专门和财务处长审批清单的方法。为了遏制当时两个单位财务合并带来的混乱局面，我分别抓住一个领导干部违规报销和教职员工虚假报销的个案，提请校委进行全校通报批评，这样才将混乱的局面控制下来。

两校合并，打乱了我刚刚理顺的工作思路，成倍地增加了很多麻烦。累、烦应当说是我那段时间的主导情绪，也成为我辞去领导职务的导火索。当然，在这个过程中，我从老曹身上也学到了政治品德、处理问题的技巧等。

在担任副校长职务期间，我还做了些诸如改造食堂、解决高层住宅供水问题、实施教室保洁的程序化操作、统一财务收支并清理小金库、打造手机一条街等工作。

总结自己官场小试牛刀的经历，可以归纳为"四个三"：三个评价、三个遗憾、三个体会、三个不足。

三个评价：酣畅淋漓（主官信任，同事支持，手脚放得比较开，没有缩手缩脚）；勤政廉政（比较投入，比较认真，绝无贪腐）；有点水平（做的事情都还有点层次和水平）。

三个遗憾：没有坚持自己的想法积极推进党校搬迁和现代化党校建设；没有真正从多数教职工切身利益考虑，在少数人以不合理要求捣乱的情况下，放弃了27栋、28栋旧房的重建；助理巡视员朱克辉同志曾经联系武宁县委，意欲在现庐山西海建设培训中心，我也亲去现场考察，想在建设培训中心的同时，集资建设职工度假村和房产开发，但在没有得到相应支持的情况下，没有继续争取支持而放弃了。

三个体会：当领导的别把自己当作救世主，没有你地球照样转；领导也是需要表扬的，群众对领导不负责任的议论会挫伤领导工作的积极性；群众有时是英雄有时也是"狗熊"，只注重眼前而看不到长远是群众成为"狗熊"的关键因素。小事多听群众意见，可以将工作做得更好。什么都听取群众意见，终将难以成大事。只要出发点是为了谋求群众利益，最终结果是群众能得到利益，做领导的有时就得武断点。

三个不足：工作方法过于刚性，对一些犯错的人和事，话说得太狠，工作手法强硬了点；遇大事太柔和，没有坚持自己的想法，以至于一些大事没有办成而成为终身遗憾；没有真正做到全心全意为人民服务，遇到阻力，尤其是遇到我为群众谋长远利益而群众为我设置阻力的事情时，往往就妥协放弃了。

向水学习

很多人读过卡耐基的《人性的弱点》，有的人可能还参加过"卡耐基培训"。可以说，《人性的弱点》是一本好书。

记得在 1983 年的时候，我在大学图书馆里借阅了中国台湾出版的《人性的弱点》，读完后感慨颇多，发现了自己很多地方"做人很差劲"。后来，又读了一些儒释道的书，才发现卡耐基说的东西我们的祖先早就说过。我们这代在"文革"中读完中学的人，大都树立了解放全人类的远大理想，却不知道怎样为人处世。卡耐基先生"中话西说"、古话新说，不仅在西方商界打出了自己的著名品牌，还在中国市场深受钟爱。细细想来，教人怎样为人处世的"卡耐基培训"之所以受到欢迎，就是因为一个浅显的道理：做事先做人。卡耐基是教企业家怎样为人处世的，我们的儒释道更有大量的处世哲学，老子的"水理论"就是教我们处世哲学的，我们可以从中悟出很多道理来。

老子，中国哲学的老祖宗，他用一篇四千多字的《道德经》，把道家丰富的哲学思想予以精辟概括。

一次，我在北京碰到一个朋友，他说想创作一部《老子》的电视剧。我就提议：片头一定要有一组各种形态的水的镜头。我的理由是："水"是老子哲学思想的表现物，从某种意义上来说，老子哲学就是水的哲学。老子的"上善若水。水善利万物而不争，处众人之所恶，故几于道"、"天下莫柔弱于水，而攻坚强者莫之能胜，以其无以易之"等"水论"，将水置于非常高的地位。

水的品德值得我们学习。水抚育万物而不图回报，只奉献而不索取。这值得我们，尤其是为官的人好好学习。

水的性格值得我们学习。山涧泉水叮咚，上演着"滴水穿石"的惊天故事。水的这种坚韧、顽强的性格，是任何想干一番事业的人都必须具备的。更值得我们深思的是，滴水穿石是在不消耗自己的情况下完成的。我们那些所谓的成功，不都是消耗资源、精力、生命，甚至牺牲自己的人格完成的？与水这位大师相比，我们还都是小学生。

水的复合性格，也是任何成功人士必备的性情修养。水在小溪中快乐地流淌，其活跃的性格展露无遗；水在湖中一平如镜，其沉稳、耐得寂寞的性情正是成功人士所必备；水到了长江一泻千里，到了大海汹涌澎湃，这种激情、奔放、气势、魄力也是我们求成功所必需的。

水宽容、温和、容忍的品格值得我们学习。你站在池塘边，扔进一块小石头，水荡起层层涟漪，宽容地笑纳你的强加；你将手脚伸进池塘，水就温和地亲吻你的手脚并帮你洗涤污垢；你拿起工具肆意搅动池水，水发出哗哗的响声容忍着你的挑衅。宽容待人，温和处事，容忍他人过错，悦纳别人缺点，不正是卡耐基倡导的待人处事原则吗？

当然，水的宽容是有尺度的宽容，水的温和是有底线的温和，水的容忍是讲原则的容忍。谁超越了尺度、突破了底线、违反了原则，水就会一改温柔面孔：让戏水者无声无息地毙命，抑或变成摧枯拉朽的山洪、气势汹汹的巨浪、破堤泛滥的洪水，形成巨大的杀伤力。

水对环境的适应性值得我们学习。水遵循的基本原则是：先适应环境，再改造环境。遇到沟渠顺着走，遇到阻隔绕着走，遇到深壑积聚起来分批慢慢走；你将水盛在圆形的杯中它是圆的，盛在方形的杯中它就是方的。水的目标是奔向大海，在实现目标的道路上，水会遇到各种各样的环境，但水总是在适应着。当然，水也不是完全地被动适应，它是在适应中前进，在适应环境的同时改造环境。水遇到了沟沟坎坎，先是随着沟坎走。与此同时，它会把沟坎冲刷得更加通畅，更加有利于自己前进。适应环境谋生存，改造环境图发展，这是我们事业成功的基本法则。

我曾经在江西《经济晚报》上开辟了一个"步超谈管理"的专栏，每周一文。在此专栏中发表过一篇《管理干部要向水学习》，反响不错。我就在研究生课程中增加了"领导干部修养论"专题，兜售我的所谓"步超理论"：水理论、磨子理论、镜子理论、轮子理论，成为学员欢迎的"步超歪理邪说"……这个水理论更是大家之所爱。

珍贵的师生情谊

一次聚会，江西省大才子汪天行说了一副他创作的对联："官大官小没完没了不大不小正好，钱多钱少有烦有恼不多不少够了，横批：友情最好。"我听后拍案叫绝。这将我长期形成的价值观做了最精辟的概括：友情是人生最大的财富。

1983年，正值中央实施党校教育正规化，省委党校为适应办学转型，一下子吸收了18名应届毕业生来党校充实教员队伍。

上班第一天，校领导班子集体接见我们这批新分配来的教员，足见对我们这批人的重视。座谈会上，时任常务副校长的石天行做了讲话，其中有两句话我记得最清楚：党校"研究无禁区，宣传有纪律"、"党校没有学生，只有学员；党校没有老师，只有教员"。后面这句话的意思是要求我们在传授知识的同时，和学员交朋友，向学员学习。二十多年的党校职业生涯，让我对这两句话感触颇深。一批学员是我的挚友，也是我的老师。从这些学员身上，我学到了很多很好的、书本上学不到的东西。

当时在两年制的理论班、培训班，一批没有文凭但理论水平、实践经验丰富的年轻领导干部走进党校，脱产学习两年。那时我没有成家，每天几乎都是和他们泡在一起。尤其是鹰潭来的，像管华鞍、桂江萍、钟义忠、周佐明、刘国富、吴南平等，还有我女朋友周玫的老家——宜春来的任桃英、陈爱民、吕江泽等，大家交往得如同家人。

周末或食堂没有菜的时候，他们就会到我家蹭点菜。有的时候，他们也会买点菜，到我简易的厨房摆弄厨艺、改善伙食。我和周玫的婚礼，也都是这帮兄弟帮助操办的。以任桃英为首的宜春学员负责布置党校新房，以钟义忠为首的鹰潭学员则操办了我在鹰潭的婚礼。摄影大师管华鞍负责摄影，钟义忠组织闹新房，周佐明、刘国富忙前忙后地替我招呼客人。一批学员朋友把简朴的婚礼办得很有点气氛。

吴南平复习准备考党校的理论班，恰好周玫在鹰潭坐月子，他就住在我党校的家里，与我合住那间筒子楼的小屋。吃完饭，我就和他下几盘象棋，让他休息休息，然后就各自看书学习。就这样，过了几个月兄弟般的日子。

每每回忆起这段日子，一种深刻无限的友情就会油然而生。珍贵，朋友之间的感情最为珍贵。无论回到鹰潭还是宜春，我都会拜访这些老朋友，重续这段珍贵的友谊。

后来，党校招收研究生了。1998 年，经济管理专业开始招收第一期研究生班，招进了冷芬俊、郭美荐、张冬林、张小平、曾佐逊等 13 个风华正茂、青春勃发的汉子。我时任经济管理教研室主任，为探索研究生教学的经验，亲自带班。记得在开学第一次班会上，我提出"三个三分之一"的培养目标：三分之一的党政领导干部，为老百姓办好事；三分之一的理论工作者，为江西经济发展做研究；三分之一的企业管理者，为发展我国的生产力做贡献。时间证明，这13 个学员以及后面几届的学员，还基本上实现了"三个三分之一"的目标。

现在这批学员中，从政的全都是正厅、副厅、正处、副处了；几个辞职下海经商的，都做得风生水起，远远超过为师的我；几个从事理论研究的，都当宣传部长了。

后面几届研究生班中，有几个班接触较多，感情也格外深些。姜玉林、杨芳、田辉、李云、吴小青、徐巍、罗来金、易斌等，还有陈智祥、肖为群、黄赛龙、徐男凯、曾志勇、周卫国等，他们都是和我保持长期来往的好朋友。

我和学员的友情很难用语言来形容，这是一种特殊的情感。听到他们进步、高升的消息，我会由衷地开心，打打电话，祝贺祝贺，提醒提醒；对于他们的缺点和不足，我会着急生气，甚至会像教育自己兄弟、孩子一样当众数落一番；对于他们面临的困难和问题，我会像亲人一样去帮助。

首届研究生班 13 好汉中的彭凯华，是一个老实本分、有自己思想和主见的好干部，各方面条件都不错。但在干部使用上，没有被安排在合适的岗位。我几次出面向有关领导推荐，效果不是太理想。后来，他在一次执行公务的过程中，因车祸殉职了。闻此噩耗，我难过了好长一段时间。

我和学员之间，逢年过节，寥寥几句短信；平日里，打个电话相互致个问候；遇到难题，相互之间伸伸援手；久别小聚，举樽聊聊天叙叙旧……这都展现着一种人生最为珍贵的东西——友情。

第四篇　重新出发

我将孤独远航，
辞别大陆的风光，
笑迎大海的风浪。
喧闹与辉煌，
化作远去的霞光；
信念与力量，
托起期许的太阳。

我将孤独远航，
竖起智慧的桅杆，
铸造自信的双桨。
盛世与商潮，
吹来劲风好出港；
激情与拼杀，
定可劈浪驶向远方。

——笔者日记

人生就是体验的过程

清零

2002 年 12 月，我干了一件被同事称为"轰动全省"的事情：经本人申请，省委批准，辞去江西省委党校副校长职务，下海经商。作为江西省第一个副厅级干部申请辞职的人，加上自己工作的特殊性所形成的知名度，我的辞职的确反响强烈。

事情过去十多年了，很多学员、朋友还在探究我此举的动因。其实，这不是什么复杂的事情。

下海后，一位朋友请我和一位德国商人共进晚餐。我朋友向德国商人介绍了我的身世，那位德国商人很认真地问我："在我们德国，教授是很受人尊重的职业；在你们中国，当领导干部是很受人仰慕的职业。不论是在德国还是中国，经商都是很辛苦的职业。你为什么要放弃你的教授和领导职务，而从事经商这样辛苦的事情？"我思考了一阵，做出这样的回答："登山在我看来是一项辛苦艰险的运动，但很多人乐此不疲。那是因为登山的过程是一种体验的过程，登山能体验到独特的生活情趣，登山能观赏到常人看不到的风景。"

我当年做出这个选择，不是一件复杂的事情，就是我本人出于以下三方面的考虑：

一是体验人生。我有一个观点，人这一辈子就是体验的过程。只要不犯法，人应当去体验各种事情。我当过农民、工人、教授、校长，在工农商学兵中只有商、兵没有干过。当兵不是我可以自由选择的，年纪大了当兵没人要了，想体验当兵的滋味已经不现实了。但经商是我可以选择的，我可以去体验一下创业的过程，体验一下商人的生活。

我学的专业就是工商企业管理，又长期从事企业管理教学、管理策划工作，因此长期以来都有一种体验商业实战的想法。正逢省委省政府出台鼓励创业的政策，我就顺势而为了。

二是追求自由。我时常提到这样的观点：当官不要羡慕商人有钱，商人有商人的痛苦；商人不要羡慕当官有权，当官有当官的痛苦。从自我感觉来说，当教研室主任这样一个教学干部是我最开心的时候。管理6~7个人，虽然没钱没权，但可以教教书、写写文章，到外面讲讲课，几个同事相处得如兄弟一般，挺开心的。当了副校长以后，副厅级干部带来的待遇高了，在外面也更加神气了，权力也大起来了。总务、财务、校办产业、基建等，几个大处室，百来号人，权力范围真的不小。但我有点不习惯，主要是不自由了，言谈举止、穿衣戴帽、外出行走等都没有了自由，一些官场的潜规则也让我不习惯。加上两校合并打破了原先熟悉的工作环境和氛围，我的一些工作设想已经难以实现，自己就有些烦躁了。

我下海经商，完全是自己追求人生体验而做出的决策，是自己想生活得更加自由自在而做出的选择，绝不是一些人猜测的某种特殊形势所迫，也不是某级组织的作用，更不是简单的对钱的强烈追求。

三是改善经济。当初，为了孩子的教育问题需要花费八九万块钱，我和爱人将家里的存款兜在一块儿，不到20万元。"两个教授，工作20来年了，又没有买房买车，就这点储蓄？如果孩子想出国留学怎么办？孩子结婚要买房买车怎么办？"我第一次有点想钱了。

"当官不想钱，想钱不当官"，这是我在刚刚任命副校长后在全校职工会上表态时说的一句话。现在自己想钱了，就不适合再干下去了，那就出去闯闯，或许在体验人生、自由自在的收获中，还能挣钱改善改善生活。

就是这样的想法，我有了辞职的念头。

事情凑巧，我爱人的闺密是南昌著名企业家，她极力主张我爱人跟她一块儿干。我在旁边听着她们的谈话，不时会插上几句，说说自己对项目和业务的看法。她说："嘿，如果老李来更合适。"我也没有做太多思考，就答应下来了。

就这样，我给省委书记和省委组织部同时提交了辞去领导职务的申请并附上一封信。

不久，省委常委会开会批准了。据说，在常委会上还讨论了二十多分钟，有一些争论。毕竟在江西还是第一个副厅级干部主动申请辞职，新鲜事情。在省委书记的极力主张下，省委批准了我的请求，并给予政策上的最大支持。

省委组织部副部长钟利贵同志找我谈话，问我要不要保留副厅级领导待遇？还有什么要求？我谢绝了保留待遇的照顾，只提出了两点要求：一是对我的辞职要单独发文，二是对我进行离任审计。

不久，省委的红头文件下发了："经本人申请，省委常委会研究同意，李步超同志辞去省委党校副校长、省行政学院副院长职务。"

在省委研究和发文前，我因一些原因已经谢绝了我爱人那位闺密的邀请。现在省委批准了，我都开始做工作移交了，可还没有想好自己干些啥？我有点迷茫起来，整夜整夜地睡不着。

我知道，自己这次选择是将过去的努力和成果一并清零了，是一次撇开已经走出的大道另辟蹊径，是人生途中的重新出发，前面一定有重重阻碍，结果很可能就是重回1983年的起点。但我自信，自己可以成功，至少我不会被市场的大浪给拍死在沙滩上。

这期间我写的几首诗可以透露出一点当时的心境：

其实你就在我身旁

我将孤独远航，
其实你就在我身旁；
你温暖的心儿，
是白帆挂在我桅杆上。

我将孤独远航，
其实你就在我身旁；
你闪亮的双眼，
是灯塔为我前行引航。

我将孤独远航，
其实你就在我身旁；
你温柔的话语，
是炭火烤干我打湿的衣裳。

夜思录

一道栅栏万里沟，
有无花翎人不同。
终身不唱何满子，
放歌人生万事悠。

（注：何满子为词牌名，白乐天诗云："世传满子是人名。临就刑时曲始成。一曲四词歌八叠，从头便是断肠声。"）

这时候，社会上已经传开了我辞职经商的消息。因我常给企业老板讲课，他们对我还是有些了解，就有人上门来请我。一些好心的朋友听说我还没有定下干啥，就热心为我推荐。我记得当时向我伸出橄榄枝的有房地产商、制药企业、酒厂、化工企业等七八家企业。最为积极的是以养猪为主业的江西国鸿集团的曹国鸿，他每隔几天就来找我一次，苦苦相劝于我。

经过一番思考，我答应了曹国鸿。我提出的条件是：年薪 30 万元，一次性付给我，我用此购买一辆小车，公司不再给我配车；原来的产业我不介入，我只从事公司新产业的发展。新产业发展起来后，给我 5% 的股权；磨合一年，我保留一年后的去留决定权。

在我去国鸿集团报到前，党校班子成员为我开了一个欢送会。我去报到后，省里的几大媒体要采访我。对此，我内心很不乐意，不想出这个风头。我对一家报社的记者开玩笑地说："现在是我下海去游泳，风险在我身上。你们今天在岸上现场直播、拍照，若明天真遇到风险了，淹死的是我，你们又不会来救我，弄得不好你们媒体还会发个'厅官冒险涉水而亡'的报道。因而，就请你们别来报道我，让我悄悄地下海，悄悄地淹死……"

几次拒绝后，党校常务副校长曹泽华找我，让我配合一下媒体，说这是省委的意思。无奈，我答应了。就这样，闹得我一时成了电视、报纸的新闻人物，若是今天肯定成网红了。

在国鸿集团，我主要想干一件事情：以公司现有的几家无公害猪肉店为起点，将其改造成为无公害蔬菜连锁店——"国鸿菜园"，并形成连锁经营体系，按照"先品牌打造，后品牌经营"的策略，在江西做出区域名牌效果后，再实施"南昌播种，江西开花，全国结果"的品牌经营，最后再着手公司的资本经营。

一年的时间，曹国鸿对我尊敬有加，也支持我起步了"国鸿菜园"。或许是思路不同，或许是观念不同，或许是我不了解人家的力量和困难，"国鸿菜园"在我无权调度公司资源的情况下，进展缓慢。我很无奈，很纠结。

在公司机制和公司战略问题上，我和曹国鸿也有不同的主张。

刚刚满一年的时候，我就开着自己一年挣来的车离开了国鸿，自己创业了。

当农民：我的职业回归

我在家休整了一个月后，先将老朋友、老同事黎红刚拉来入伙，再将我爱人的老朋友郭志斌也拉了进来。三个股东，招聘了一个办公室的干事，凑到了 12

万块钱，租了一间办公室，我的创业就这样起步了。

基于对当时市场的认识和我们的实力，我确定了个"三年不死，五年积累，十年成型"的战略目标，以求"先保存自己，三年不淹死"，然后通过五年左右的时间，积累资金，找到主攻产业项目；再用五年左右的时间将产业项目培育成熟。

到底选择哪些行业来作为公司创业的起步呢？

管理咨询策划是我的老本行。在当教研室主任的时候，党校校委就给我批了一个非编制的机构——江西迈达管理咨询所，我带着黎红刚等同事开展了一些业务。我任副校长后，这个机构因没有人运作就停摆了。现在为了"保三年不死"，就得从这熟悉的、有基础的、投资少的项目做起。于是，我们注册了江西迈达智业管理咨询有限公司，买了两台电脑，在我的直接操盘下运作起来了。

当农民，种苗木，是我的第二个想法。我曾经回老家金华考察过当地的农业，去过一个专门生产绿化苗木的乡镇。这个乡镇家家种苗木或卖苗木，苗木销往全国各地。我曾经走访过一个农民："你们生产这么多苗木，还要几年才能出苗，不怕没销路吗？"这个农民回答我："现在全国的城市都在大建设，又越来越重视绿化美化了，连北京奥运会都说是绿色奥运了，这肯定是要大量苗木的。"

我想想他说的有道理啊，我国工业化的过程就是城市化的过程，就是城市发展和扩张的过程。现在倡导绿色环保，也要种树绿化的。而且江西的土壤气候又适合，更有利的是：我们江西的土地成本大大低于浙江，我们有竞争优势啊。

就这样，我们三个人决定：策划与绿化双向推进，我抓总，并亲自操刀策划产业，黎红刚和郭志斌管绿化产业。将公司所有的资金投入到苗木基地建设中，开始租地开展苗木基地建设。

就这样，我的职业生涯回归到了"知青"时代，回归到了当农民的角色。不同的是，当年是赤着双脚去种田，现在是开着"本田"和"奥迪"去种地。

策划保命

几乎推广了半年的时间，策划仍然没有一笔业务，公司处在非常困难的境地。公司虽然员工不多、薪资不高，但和房租、车辆加起来，资金压力也是不小的。

那段时间，人很郁闷，我在等待、在寻找。我夜里时常睡不着，也曾怀疑过自己选择的正确性，甚至有点后悔。我就住在省委党校的大院内，每天出出进进碰到自己的同事，就会产生"如果我不辞去职务下海经商，是多么舒服自在……"的想法。

一个冬夜，我为公司没有业务而焦急，难以入睡，披衣起床，写下这首《立马江头》：

立马江头

朔风寒夜人自踟，
笑解官翎，
商海独舟。

世态炎凉情如风，
酒香人趋，
茶凉客走。

英雄能耐身寂寞，
图取霸业，
立马江头。

慢慢地，我离开了国鸿公司开始自己创业的消息传开了，知道我在做管理咨询的人也多了起来。借着原有的学术影响力，业务开始启动了。我们先后为昌北机场、煌上煌、赣州稀土、南昌印钞厂等二十多家公司进行了公司战略、企业文化、市场营销等方面的咨询和策划，为南昌市红谷滩新区、西湖区、青云谱区、青山湖区、经开区等地政府部门，做了产业发展和城市建设方面的策划项目。

我最得意的咨询作品是"煌上煌危机攻关策划"和"煌上煌营销战略"。我和煌上煌公司董事长徐桂芬、总经理老褚（褚建庚）都是老朋友，在我经商前他们两口子就经常请我讲讲课、吃吃饭、聊聊天、讨论些问题。

就在我创业处在最困难的时候，煌上煌遇到了致命性的危机。他们找到我，说安徽的一家危机公关公司来做了个策划大纲，让我去帮他们把把关。

到了煌上煌，那家公司开始汇报了。我听了半天，那家公司云里雾里根本就没有抓住实操的关键。我对煌上煌这个江西本土企业是有感情的，我也知道徐桂芬把企业做到今天不容易，若因这次偶然事件把企业搞垮了，真是太可惜了。我急！我真心的急！

我站起来，打断了那家公司的发言，啪啪啪地一通批，还说了一通应当怎样怎样的主张。我发言后，徐桂芬的爱人老褚把我拉到外面，说："这家公司不行，你说的我听出点名堂了。你不是在做管理咨询吗？就交给你做，只要做好，有效果，多少钱都可以。"我说："不行！一是我不能抢别人的饭碗；二是我不能发你的'国难财'。"他再三请求。我想，朋友之间有难就应当伸手，更何况自己闲着也是闲着，这时候应当出手帮帮他。

"那我就来全程策划，但要答应两个条件：一是尽管我现在很困难，但我不能发'国难财'，我不收咨询策划费；二是时间紧急，你们都要听我的，不能黏黏糊糊。"

十来天紧锣密鼓的战斗，每天开出"药方"，第二天他们去操作。事情一步一步推进，一个化危机为商机的策划在实施中。事情的结果是：在政府的帮助下，煌上煌成功地化解了致命危机，恢复营业的当月，还创造了该公司月销售额的历史纪录。我的策划深得董事长徐桂芬等的悦服。他们拿了几万元现金和煌上煌购物券来致谢，并言：今后的管理咨询业务都交给你们做。

他们没有食言，三年后，请我为其策划营销战略。这次策划，我就按照市场规则来谈价格了，他们没有做任何的讨价还价就签了合同。我提出了三句话的营销战略方针：到农村去（开辟农村市场，在乡镇开连锁店）、育新业态（在城市"打造吃得饱、坐得下、拿得走"的新店）、到网上去（利用实体连锁店开展配送业务）。公司重点采用了第一句话，成功试行了第二句话。那时候没有"美团"、"我饿了"等配送体系，没有手机支付，于是将第三句话作为了长期战略。回头看看，这个策划很实用、很超前。

在开展咨询的同时，我们发起"企业家俱乐部"，开展"帮你读书"、"经济大讲堂"等培训业务，先后请樊纲、刘伟、魏杰、吴晓求、彭剑锋等一批国家著名经济学家来讲课，有点风生水起的意思。

到2008年，迈达咨询实现了年利润100万元的目标。在当年的江西，这已经是非常令人振奋的事情了，我想这应当是创造了江西管理咨询业的纪录。

回顾创业的历程，策划真正起到了为公司保命的产业功能。每每资金紧张的时候，都是咨询策划的收入及时为公司补充了血液，增补了弹药。

"翻身农民把歌唱"

虽然咨询策划很早就开出了创业之花，但是，我并没有为之而兴奋，反而看到了一个现实的问题：咨询产业的天花板太低，不能实现我创业的梦想；这是一个智力产业，人才难觅，非我操刀难有战果，而靠我一人做事肯定是做不大。

在苗木基地建设上，我们在新干县上了一个茶花嫁接项目，承包了300多亩山的老龄油茶树，在油茶树上嫁接茶花。2006年春天，我们从省林科院请来了专家，由黎红刚带着几个员工吃住在离村庄 2~3 里远的山上，请了 30 来个当地的农民，挖锄野草，将茶树的树枝锯掉，再嫁接上买来的茶花芽。

一年过去了，我们惊喜地宣布：嫁接成功了。3 公分左右长的茶花芽已经长到 40 多公分，甚至一些耐不住的枝条上都绽开茶花了。我们那个高兴的心情难以言表，黎红刚甚至都在憧憬一棵树 5 年后就可以卖 1000 多元，我们就有上千万元的利润了。

2008 年那场南方冰冻灾害，将我们的憧憬化为了泡影，将我们的茶花娘子军团消灭得只剩下几个残兵，将我们最宝贵的原始股本资金和卖房子筹集的共 60 多万元，几天内就化为了残枝烂叶。

我到新干基地去视察，看到被冰雪压断的嫁接枝条，想想当年嫁接的时候黎红刚等吃住在山上，身上满是被蚊虫叮咬的红点，再想想自己卖掉房产投下来的资金已经化为乌有，我真想大哭一场。

痛苦，纠结，想放弃，想退缩，悲观的情绪达到极点，我很长一段时间都振奋不起来。

黎红刚是中国的第一批股民，也曾在证券行业工作过几年，心中总留存着股市情结。他看到股市有了些动静，就提出公司转型去搞投资顾问业务，帮人打点股票经营。我没有同意，认为这样做风险太大。就这样，我们友好而悲情地分手了。现在看来，他的想法还是有点道理的，现在的私募基金不发展得很好吗？

郭志斌留了下来，和我一起继续当农民——种树。

"在摔倒的地方总结教训，在摔倒的地方重新出发"。我们总结了公司这几年的成功与失败，形成了公司今后发展的基本思路，确定了"突出农业主线，重点发展基地，逐步延伸绿化"的战略，将策划慢慢弱化了。

那么具体怎样落实到品种上呢？我做了这样的分析："现在全国的苗木种植以浙江、湖南为强，我们的苗木产业要想发展好，就要以他们为竞争对手，找到有市场需求的、扬我优势的、避我劣势的品种。我建议公司只种樟树，争取成为专业的樟树供应商。理由为：樟树是市场上需求量最大的品种之一；我们江西的最大优势就是土地，其成本只是浙江的 1/10，湖南的 1/2，而樟树又是单株占地面积大、需要土地多的品种，在樟树这个品种上，我们拥有和浙江竞争的绝对优势、和湖南竞争的相对优势；樟树占用资金相对较多，回收周期较长，湖南和浙江都是农户经营，我们在资金上拥有竞争的优势，我们抗得住时间成本……"我在股东会议上提出了自己的建议。大家觉得我分析得有道理，做出了"大力发展苗木产业，重点种植樟树品种"的决策。

我向同学、家人借了一笔钱，在原有的基础上继续扩大苗木基地建设。到2011 年，基地的一批樟树开始产出了，战略调整取得了初步成效。公司绿化和策划一并账，形成了我们的第一笔积累。

我们在发展苗木基地的同时，开始向绿化工程延伸。我们承接了第一个绿化工程项目，造价仅6万元，盈利1万多元。后面，我们的第二个项目造价20多万元，第三个项目80多万元，第四个项目200多万元，再后面上千万元的项目也陆陆续续来了，公司基本形成了气候。

开车到基地视察，我望着满目青山，抚摸那些种下去时只有根香烟般粗细而现已长成饭碗般粗的樟树，我的心情真是特别特别地好。我会情不自禁地模仿刀郎的唱法，翻唱那首被我篡改了歌词的才旦卓玛的红色经典《翻身农奴把歌唱》：

太阳啊，霞光万丈；
雄鹰啊，展翅飞翔。
时代春光无限好，叫我怎能不歌唱……
翻身农民把歌唱，幸福的歌儿传四方，
幸福的歌儿传——四——方。

反思成败

在创业的进程中，我遇到很多产业机会的诱惑，自己做了正确的、失误的选择。现在反思成败，还是蛮有意义的。

对于房地产我是非常看好的，2003年左右又是进入房地产的最佳时间，但我们没有涉足。其原因主要是太复杂，我的秀才思维决定了自己不适合干这个领域。

我也曾经花费不少的精力考察温泉养生项目，终因实力不济而放弃。

我曾经涉足过旅游产业。我弟弟步强听说鹰潭龙虎山景区内有个九曲洲农庄有招商的意愿，就带我去考察。我一去就喜欢上那个三面环水、景色迷人、开发前景相当好的地方。

几经谈判，我和管委会签订了合同，将此庄园和300多亩地租了下来。这是个投资大、周期长的项目，我当时是没有力量做这个项目的。没有办法，我引入一个国有投资公司后就轰轰烈烈地干了起来。

我亲自上阵，征地、做规划、建宾馆、招员工，整整一年多的时间，我专心泡在鹰潭龙虎山，到试营业完成后，才撤回南昌。项目建设得不错，将接待规模从 10 人左右扩大到 120 人，还成为了全国首批 100 个"农业生态旅游示范项目"，在当地有了点小名气。遇到黄金周，来客应接不暇，连我们员工睡觉的床铺铺上块桌布都当饭桌用了。可是到了国庆节后就麻烦了，门可罗雀。旅游淡旺季的经营落差，使得经营难以有序和平稳，公司的经营资源难以合理组织，公司处在微亏状态。

当地政府部门很支持，同意我们建设度假商务地产项目。这本是公司向旅游房产转型的机遇，但国有股东方面，因决策体制的问题没能推进。就这样，错过了一个发展的机遇。后来，鹰潭政府不知道出于什么原因，极力说服我们将项目卖给他们，他们再出售给一家上市公司。

此间，我们的两条战线推进顺利，无暇顾及其他，加上公司战略已经明确了将重点放在苗木基地和绿化工程上，也就在很不情愿地接受了政府开出的条件，以收回投资和财务成本的价格将这个项目卖掉了。现在回到鹰潭，我都不愿意去九曲洲看看，因为有感情，很伤心。听说，那家上市公司拿到项目后，也没有开发，关门锁在那里。

2015 年底，我感到有些疲惫了，产生了退出江湖的念头。我开始为 2017 年我六十岁退休做准备了。因此，2015 年和 2016 年，公司基本处于不进取的状态，除了管理 1000 亩园林基地外，其他的产业项目基本都停摆了，主要精力放到了催债上。

对于自己的创业过程，我总结了几点：

（1）创业过程是酸甜苦辣皆有，值得回味，值得庆祝，值得骄傲。我不后悔自己的选择，我庆幸自己的选择。

（2）从甲方变成乙方是痛苦的，不是每个人都能像我一样，能够快乐地、顺利地完成这种转变。

（3）我的秀才思维让我失去了很多的机会，也避开了一些灾祸。

（4）办企业很辛苦，企业家值得社会尊敬。我们的政府应当多爱护、多理解企业家，对企业家要讲信用。

（5）我是白手起家，没有涉足我看好但太复杂的房地产业，从经济角度考量是失误的，但从其他方面考量是正确的。

（6）创业过程的一些阶段是不可逾越的。落后阶段是在等死，超越阶段就是找死。

（7）给自己十多年的闯荡做个评价，那就是"成了事，没成功"。说成了事，就是实现了当初的三个初衷：体验人生，对企业经营的一些实际更了解了，思考企业管理的问题更实际、实用了，体验到了中国商人的滋味；追求自由，过了 15 年自由自在的日子，挺好；改善经济，没有暴富，但也比以前多了点积累。

说没成功，就是没有像一些成功人士一样，十来年就能打造出一个大企业，形成巨额财富。我不行！我这十来年，没形成一个有规模、有影响的企业，没有建造一个标志性的建筑，没有赚到大钱，只是没有拖全国人民奔小康的后腿而已。

我现在经常在酒桌上拿自己调侃：我可以和官员比谁自由，和商人比谁读的书多，和教授比谁的钱多。人比人气死人，人不要去比。要比就拿自己的优势比人家的弱势，自寻其乐。

感谢时代，给了我选择的机会；感谢省委，对我个人选择的尊重和支持；感谢省委党校的同事们，为我实现自己的选择提供了畅通的通道；感谢家人、朋友的鼓励、理解和支持。

我从事咨询培训时都讲些啥

从事企业管理的咨询和培训这些年，为江西的不少企业做了些事情，我将咨询报告和培训教案整理了一下，归纳整理出几篇小文章，请大家斧正。

经商：和平年代最具有英雄感的职业

大凡年轻人，尤其是喜欢找苦头吃的男人，都有英雄情结。他们很多人像我一样，为没有出生在那培育英雄的战争年代而叹"生不逢时"，不时会因看了几部兵书，看了几部战争题材的电视连续剧或电影，就会在女生面前深沉地说：如果我生在战争年代，我就如何如何。

战争不是什么好东西，和平年代值得珍惜的东西太多太多。

我们生在和平年代实在是太幸福了！

在自己的岗位上做出优秀的业绩固然是英雄，但做平凡的人，干平凡的事，也不能说是狗熊。做好事不做坏事都是好汉。

但我总有这样一种念头：英雄应当是高于常人的，英雄做出来的事情应当是常人干不出来的，英雄承担的风险应当是远远高于常人的，英雄应当是干大事的人。

那么，在和平年代什么职业最能实现我们的英雄感呢?

警察、军人手持武器英勇无比，保家卫国光荣无限，但要体检、政审，是组织选择你，不是你选择组织，年纪大了人家还不要。

见义勇为、舍己救人是英雄干的事情，但不是职业。若这成为职业，我们的安全感也就成问题了。

充满博弈，天天面临风险，既要勇更要谋，不是谁都能成功，但人人都能够自由加入，对社会和他人有益，这恐怕是和平年代衡量一个职业"英雄指数"的基本标准。若此标准成立，那经商应当是和平年代最能实现英雄感的职业。

军人拼命，商人拼钱。

商人的决策不像官员那么轻松，那么豪迈。商人的决策是要自己掏钱来办的，或输或赢，或挣或赔，针针见血（血汗钱）。失误了、赔了，商人不能像官员以一句"成绩是主要的，失误是难免的"就了事。商人失误了有时比官员还豪气："不就是赔了多少多少万吗!"这是假象。没有人的时候，他心疼着呢! 不然，怎么会有商人赔钱了就跳楼，而没有官员决策失误跳楼的?

和平年代最残酷的战场是商场。商场像战场一样，风云莫测，前景难料。经商需要经历风险的勇气，需要战胜、回避风险的智慧。这很带劲，很能成就自己的英雄感。我们不要迷信 MBA 教授讲的英明决策案例，这些案例的主角都不止一次地走过麦城。这些主角没敢把自己赔钱的事说给老婆听，怕老婆罚他跪搓衣板。更不会说给记者听，怕有损自己的英雄形象。世界上没有常胜将军，更没有只赚不赔的商人。其实，只要自己经商了，就可以说是英雄了。以常人难以承受的毅力，面对经营的风险；以常人不具有的眼光，发现商机而大发其财；以常人不具备的智慧，规避风险……经商者乃真英雄也!

一位西方的经济学家有这样一个比喻：国家经济的列车是产业车轮拉动的，而企业家是产业车轮的轴心。企业家对社会的贡献由此可见一斑。战争年代的英雄是为正义而攻城拔寨，和平年代的英雄是为社会创造财富。

人们都说老板都是为自己赚钱，其实不然。国有企业的真正老板是政府，国有企业的董事长也好、总经理也好，都是为"后台老板"——政府打工。民营企业的老板呢? 他是在为自己赚钱，但也不是只为自己赚钱。我有这样一个观点：老板办企业办到一定的程度，就是高级打工仔。他们在为国家打工，为员工打工。企业家为社会打工——缴税，企业家为员工打工——保证员工有一个稳定的岗位和收入。这倒不是说所有的商人都是大公无私，都是职业慈善家，商人的私欲、财富欲往往高于一般的人，不然，他们就没有动力夜以继日地忙于赚钱。但社会机制的设计，使得企业家在主观上追求个人财富的同时，客观上为国家、员工做出自己的贡献。服务社会，为国家打工、为员工打工是企业家天然的职业职能。成功的企业家是国家的英雄，是企业员工的英雄。

经商不但可以实现英雄感，而且比其他职业更方便进入。经商是可以自由选择的，不需要经过组织挑选。在我国"全民创业"的时代，对于一个有英雄气质、有英雄感的人，不去商海扑腾几下一定会遗憾。

勇于创业的人是值得尊敬的。如果一个抗日年代的青年今天面对晚辈只能说说：当年我听说（或我看见）谁谁谁杀了几个鬼子，而自己没有投身战场，那么这个人一定让我们崇敬不起来。若干年后，如果我们面对晚辈提起某某企业家时，也只能说：他呀，我的同事（或同学、战友），当年如何如何，而自己没有投身商海，我相信，我们的晚辈对我们也会崇敬不起来。勇于创业的人，和当年敢于上战场的人一样值得我们尊敬。

当然，经商必有成和败。失败了还是英雄吗？我以为，经商无论成败，商人无论财富多少，都是有胆气的英雄，在我们这个几千年官本位、几十年计划经济的国家更是如此。一般而言，经商的人只要依法经营，方向正确，勤奋努力，没入陷阱，就一定会成功。即使失败，也是英雄走麦城，胆气可敬。

与介绍经商成功经验的书比较起来，我更喜欢研读总结失败教训的书。我认为，成功的经验不一定都可以模仿，而失败的教训一定足以借鉴。经常研究、总结别人和自己的失败，是企业家最重要的自我培训。

努力过的人是值得尊重的。

敢于经商的人是值得尊敬的。

企业家是和平年代的英雄。

商人要向毛泽东学习

毛泽东是我最崇拜、最敬爱的伟人。一个集革命家、思想家、军事家、哲学家、诗人、书法家于一身的人，你说伟大不伟大？回顾我党的历史，朗诵毛泽东的诗词，欣赏他老人家的书法，你就会由衷地感叹：毛泽东，您伟大！

"商人要学毛泽东"，我在某大学 MBA 班讲学时刚刚亮出这标题，一位年轻的老板就提出质疑："为什么要向不懂经济的毛泽东学习工商管理？"我用"商说党史"的方法解答了这个学生的问题。

毛泽东是一位创业的成功人士。毛泽东带着一支弱小的红军起家，最后打造出中华人民共和国这样一个国际性的"大公司"。你说他是不是创业的成功人士？我们该不该向他学习？

我党 1921 年建党，二十几个人，没有一杆枪，可以说是白手起家。国共第一次合作，我们"入股"国民党共同经营这个灾难深重的国家。但蒋介石撕毁"公司章程"把我们这个"小股东"赶出来不算，还举起刀杀过来。毛泽东以战略家的眼光得出这样的结论："枪杆子里面出政权"。他发动秋收起义，成立自己的"公司"，自己当了"老板"。他分析了中国的国情，提出了"农村包围城市"的经营战略，到竞争相对较弱的井冈山开发根据地，将公司的目标市场定在了偏僻的农村市场。

井冈山斗争、赣南土地革命、长征、抗日战争、解放战争，毛泽东在每个关键的时刻总能提出一套科学的竞争战略和策略。可以说，毛泽东是世界上罕见的战略与战术有效结合的军事家。在毛泽东等老一辈的正确指引下，我们成立了中华人民共和国。如果用商业语言来说，毛泽东带领我党从一支弱小的政治力量，经过艰难创业，打造出了一个世界级的"企业"。

你说，这样的创业过程不值得我们去研究吗？记录这样一个创业过程中领袖决策的文件集——《毛泽东选集》不值得我们学习和研究吗？《孙子兵法》早已经成为日本商学院的必读书目。我认为，《孙子兵法》、《三国演义》都是值得商人认真看的好书。《毛泽东选集》，尤其是第一、二卷，更是值得企业家们认真研读。如果我们以商人的目光来读党史，来研究毛泽东，就能够从中悟出不少的经商道理，就能够悟出不少作为一个企业家应当借鉴的东西。学习毛泽东、研究毛泽东思想，应当是企业界人士的有益之举。

商人向毛泽东学什么？

毛泽东爱读书。我瞻仰毛泽东在中南海的卧室，跳进脑海的第一个念头就是：毛主席的床是漂在书海中的一叶小舟。毛泽东博览群书，尤其是熟读中国历史（二十四史这浩瀚之作毛泽东竟然读了好几遍，令人汗颜）和哲学，这恐怕是毛泽东学识之源。而学识又是毛泽东科学决策的理论基础。毛泽东曾经说过，没有文化的军队是愚蠢的军队，而愚蠢的军队是不能战胜敌人的。这句话用在今天的企业家身上，同样有效。

遇到一些没有文化而又鄙视文化的有钱人，我总是像祥林嫂一样唠叨：你没有文化不要紧，但不能不读书；你没有文化不要紧，但不能鄙视文化和有文化的人。今天世界已进入了知识经济时代，中国也进入儒商时代，没有文化怎么行？不读点书怎么行？你看当今福布斯榜上，还有几个企业家是"大老粗"？你看CCTV-2的《对话》节目，哪个企业家不是文才武略，语出惊人？我们的企业家应当学习毛泽东爱读书的习惯。

当然，读书不能读死书，不能唯书本。毛泽东的伟大就伟大在他善于将理论与实践相结合，大胆地创新，敢于走别人没有走过的路。"农村包围城市"是别人没有走过的路，四渡赤水是反常规的超人之举，《论持久战》是创造性的战略经典，运动歼灭战是将游击战与阵地战相结合的创造……毛泽东熟读兵书，但不被兵书束缚，而是大胆创新，这值得我们一些书生型、知识型企业家学习。

我自己就是企业管理学的教授，肚子里装了不少国内外先进的企业管理理论。经商之初，遇到事情就从理论上找答案，时常被理论的框框束缚，也吃过本本主义的亏。能怪这是理论的误导吗？不能！理论是从实践中来的，它是一种基本规律。而实际情况是千变万化的，只有灵活运用理论，才能获得实践的成功。下海经商几年，我没有犯太大的错误，得益于我的那点理论修养。我获得的一些成功，就是依照理论指明的方向，自己做了点变化和创新。关键的是近三十年理论研究的职业生涯，使得我和多数文化人一样，养成了善于总结的职业习惯。总结经验教训，修正行动方向和方式，慢慢就找到感觉了、找到路子了。我们经商的人，要学习毛泽东不读死书，不唯本本，敢于创新。

毛泽东是一位伟大的战略家。他的战略意识和战略思想是企业家最应当学习的。《毛泽东选集》第一卷第一篇文章第一句话就是："谁是我们的敌人？谁是我们的朋友？这个问题是革命的首要问题。中国过去一切革命斗争成效甚少，其根本原因就是因为不能团结真正的朋友，以进攻真正的敌人。"毛泽东这篇《中国社会各阶级的分析》，就是一篇重要的战略研究文章。用工商管理学的话来说，是一篇竞争力量分析的文章。我们的企业同样要时时刻刻弄清楚：谁是我们的竞争对手，谁是我们的合作伙伴。

在井冈山初创我党武装力量时期，毛泽东提出了先保存自己、再消灭敌人的战略方针。这对于我们初创阶段的企业家是很有指导意义的。我们一些刚刚跳进商海的人，往往容易犯冒进的错误。有的创业者一上来就想和高手、强手过招，一口就想吃个大胖子，想迅速地"解放全中国"；有的创业者就那么点资金，一动手就砸到没有多少把握的项目上去，想一赌定乾坤。这就像当年那些"左"倾教条的人急于在城市闹起义一样、像第五次反围剿战一样，以失败而告终。

毛泽东著名的"农村包围城市"的竞争战略，教育我们的企业可以从竞争度相对较弱的市场入手，以寻求立足和发展之根据地；毛泽东"支部建在连队上"的组织管理战略，对我们的企业建立一支以骨干带动全体员工的团队，都是有益的启示……

我作为一脚踏在学术界、一脚踏在商界的两栖人，重读《毛泽东选集》第一、二卷后，经常向商界的朋友传达这样的信息：我们的企业家可以坐在空调房间里，坐在温馨的灯光下，读读毛泽东当年在八角楼的灯光下写的一些东西，一定大有收获。

保命，创业人的第一要务

前些年，一夜致富的人的确有不少，如转卖批文的、倒腾指标的、炒股的、变卖国有企业的……我研究过这些人，真正成功的不多，真正过上好日子的也不多。

这大致有这样几个原因：来钱太快，不知道珍惜，钱来得快流出去也快；我国经济越来越讲规则，这样的机会也越来越少了，而他们又沉湎于过去的投机经验中，因而受到了新规则的处罚，或进监狱，或被市场套回了当年的利润；这些人不适应在规则中比赛，在正规的比赛中输了。

这些一夜致富的人，只是特殊时期的特殊产物，没有可效仿性，也不值得我们效仿。我藏书上万册，但从来就不买"致富秘籍"之类的书。写这种书的人，有几个是富的？

正规办企业，一般都要经过初创滑行、快速起飞、稳步爬高、高空飞行这样几个阶段。初创滑行阶段是最痛苦的阶段。

三代打造贵族，三年培育企业。一个企业从初创到基本成型一般都要 3~5 年的时间。这三年是公司死亡率最高的时期，在这个阶段，企业经营的目标就是保命，用毛主席的话来说，就是先"保存自己"——不要被商海淹死了，再去考虑"消灭敌人"——到商海去淘金。

一些刚刚起步的小企业老板来咨询时，我先问他这样一个问题："你公司能按时给员工发工资吗？"他们大都这样回答："工资是能够按时发的，就是一年下来没有赚到几个钱，过年的时候没有办法向老婆交账。"我说："不错了，因为你的公司没有死。活着就是胜利，就是成功。至于老婆那里交不了账的问题好解决。我钓不到鱼的时候，就去菜场买几条回家，或者说路上碰见谁谁谁了，把鱼送他了。"

我说公司没死就是胜利，就是成功，自然有我的道理。一个公司围绕自己的经营领域，经过市场三年左右的风吹浪打没有死，只要经营者不是商业天分太差，就基本上路了，可以说完成原始积累了。我说的原始积累不是仅指资本的积累，而是完成了以下"三个积累"：积累了经验教训，积累了一些客户，积累了一些资金。这样的企业一般就形成了基本业务量，保命的问题就基本解决了，应当说这些老板创业的第一步算是成功了。

全民经商浪潮中下海经商的，大都经不住这三年的风吹浪打就被商海"淹死"了，背着欠条回单位上班了，弄得家人十来年没好日子过。我和这些人接触后，发现他们大多是犯了"左倾机会主义"的错误，过于冒进了。

1996 年，一位略懂电脑的朋友停薪留职下海经商，一开始鼓捣 PC 机的代理，作为某著名品牌的省级代理，两年下来挣到了几个钱，也有点市场知名度了。第三年，这位老兄在几篇关于网络经济时代来临、商机无限的文章鼓动下，扔掉已经开始盈利的 PC 机代理业务，向亲戚借了几十万元，开始鼓捣网站了。我劝他不要扔掉 PC 机代理业务，考虑怎样延伸业务链，扎扎实实再干几年，积累点钱，把自己的基础打得更加扎实，等更有实力的时候再作他谋。再说经营网站是烧钱的营生，没有独到的创意，没有一定的实力和资金支持，短期内是难成气候的。他不听，说现在是"快鱼吃慢鱼"的时代，动作要快，还说了几个成功的案例来证明。我告诉他，别人的成功不一定是你的成功，公开的经验不一定是真实的。他不听，快速砸进去的300多万元也快速地消失了，他现在还欠人家一屁股的债。

现金流是企业的血液，现金流是创业者的第一追求。我这个朋友放弃了一个有良好现金流的泉眼，过早地投资勘探暗河、打造喷泉了。假如他能够坚持再做几年PC机，利用他积累的客户群向相关业务延伸，即使他不能成为全国知名的大老板，但也有可能成为全省最大的数码商；假如他决意要去网络世界淘金，但不放弃挣点小钱，留下保命的后路，将PC机代理业务维持住，那他现在也不至于一战而灭。

我在MBA班讲这个案例时，有不少学员以马云阿里巴巴的成功来佐证我朋友当年并没有犯路线错误。一个马云成名了大家都知道、都羡慕，但多少牛云、朱云、杨云死在网络上？这大家就不知道了。"一将成名万骨枯"，一个成功人士辉煌的后面，一定有大量的失败者。模仿成功者的辉煌，你不一定能够同样辉煌；避开失败者的错误，你一定能够减少失败。马云的成功是值得学习的，但马云的成功是不可模仿的。马云的成功在于他对网络经济的独到理解，在于阿里巴巴运营模式的独特创意，在于他争取到了强劲的外来资金的支持。这些并非每个人都可以组合到的成功元素，马云以自己的经营天分、刻苦追求、商业运气组合到了一起，因而成功了。

两三年，最多五年，能否有一个稳定的业务量，能否保住公司的基本费用且有一定的利润积累，这是衡量创业成功与否、衡量创业者适应商界与否、衡量进入该行业正确与否的一个标准。有了稳定的业务，意味着公司积累了一定的客户，意味着你在市场已经占领了一小块地盘，意味着你已经在市场打开了突破口，意味着公司的雏形已经出来了。这时候的你，就应当抓住机遇，快速推进，迅速地扩大主营业务规模，迅速扩大市场，迅速地完成资金积累。如果说，前些年的努力是把公司这架飞机从停机坪缓缓驶上了跑道，现在就应当加速行驶，完成公司的起飞。

很多创业人的失败，在于贪大而忽略了挖掘现金流的涓涓泉眼；很多创业者的失败，挖掘到现金流的泉眼后，没有继续深挖下去就放弃了。这是很多公司在3~5年夭折的重要原因。

保命，是创业人的第一要务。

守住一条保命的业务线，是小有成就的老板决策时的第一要领。

老板的脑袋里要装个"阶段论"

毛泽东、邓小平是我相当崇敬的两位伟人,对于他们的崇敬难以用语言表达。

毛泽东逝世的时候,我傻了。当时我还在"知青"农场,那几天时常和几个有点思想的兄弟站在农场后边的水库旁嘀咕:"毛主席不在了,我们国家怎么办?我们怎么办?"那时候,神化了的毛泽东在我心中就是天、就是神。他老人家的逝世,对我们来说,就是天塌了、神走了。

听闻邓小平同志逝世的噩耗,我由衷地落泪了。这时候我是省委党校的教授,心中想的事情不是担心中国的命运会如何如何,因为中国已经无须因某人离开而担忧会发生什么。我想得更多的是:没有邓小平,我可能还在建筑工地扎脚手架,怎么可能上大学?怎么会有今天的好日子?邓小平同志,谢谢您!

站在企业家的视角来看,毛泽东、邓小平是值得研究学习的。他们的"阶段论"就很值得探究和学习。

毛泽东在井冈山开始我党创业之初,就那么点力量和本钱。拿这点力量和本钱去夺取国家政权,是不现实的。因而,毛泽东没有拿这点力量和本钱去攻打城市,而是到井冈山这边缘、边远的地方来发展自己的力量,积累更多的本钱。毛泽东的思路很清楚,在这样一个阶段,我们的策略就是:先保存自己,再消灭敌人。这就是说,在自己力量薄弱的阶段,第一战略目标就是"先保存自己",打得赢就打,打不赢就走。

刚刚开始创业的老板,就像当年吃红米饭、南瓜汤,拿着红缨枪、土铳的红军一样,不就那么一点力量和本钱吗?这个阶段的老板就应当学学毛泽东,先谋求不被商海淹死,再谋求从商海捞金。

抗日战争的时候,中国出现了"亡国论"、"速胜论"。毛泽东写了《论持久战》,对抗战形势做了英明的分析和判断。时下,读了几天 MBA 课程的人,动不动就讲 SWOT 分析法,你翻开一万篇 MBA 研究公司战略的毕业论文,都能闻到同样的八股味,读起来真没劲。你读读毛泽东的《论持久战》就不同了,他在《论持久战》中用了八个字来归纳当时的竞争形势:"敌强我弱,敌小我大。""敌强我弱",决定了抗战不可能速胜;"敌小我大",决定了中国不可能亡国。"敌强我弱,敌小我大"决定了抗战将是一场持久战。进而,毛泽东讲了"阶段论":抗战是持久战,分为防御、僵持、反攻三个战略阶段,并指出在不同的战略阶段应确定不同的战略目标，应采取不同的战略战术。你看，毛泽东英明不？事实就证明这一判断英明。抗战打了八年，够持久的了。游击战的战术，在僵持阶段消耗了日本这小国的国力和战斗力，为大反攻创造了条件。可以说，《论持久战》是一篇战略研究的经典之作。

我们的财经院校，真应该将《论持久战》列为 MBA《公司战略管理》课程的必读参考书目；我们的企业家，真应该读读毛泽东《论持久战》等著作。

历史经常开人的玩笑，也时常会开伟人的玩笑。新中国成立后，讲"阶段论"的毛泽东却违反了"阶段论"：大跃进、人民公社、消除私有经济等，干的都是超越阶段的事情。多亏了邓小平同志的"阶段论"——社会主义初级阶段理论，将中国带上了改革开放的快速发展之路。邓小平的"三步走"战略，谱写出中华民族复兴大业的壮美诗篇。

毛泽东、邓小平讲"阶段论"，我们的企业家也要讲"阶段论"。作为企业的领导，你带着公司这支队伍在市场上拼杀，面对强手如林的竞争环境，脑袋里一定要装上"阶段论"。

企业家的脑袋里要装上"阶段论"，就要时时把准公司的阶段定位，弄清楚公司处在怎样的阶段，这个阶段的公司有哪些特点，从而回答"我是谁"的问题。

"阶段论"告诉我们，公司处在不同的战略阶段，其战略目标是不同的。企业家要进行战略目标的定位，回答"我应该干什么"的问题。超越了阶段的战略目标是不现实的空想，落后于阶段的战略目标会制造落后。

"阶段论"告诉我们，不同的战略阶段应采取不同的战略战术。小企业有小企业的打法，大企业有大企业的战术，不同阶段的企业，其经营方针和经营策略是不同的。

曾经有一家饲料公司请我去做管理咨询。当时正值酷暑高温，会议室 38 摄氏度高温，但老式空调制冷效果很差，热得我满头大汗。生产车间隆隆的机器声，更弄得我心烦意乱。不过烦躁归烦躁，人家介绍情况还是要认真听的。两小时下来，从公司中层的发言中，我掌握了公司的基本情况：创业六年，年利润100 万 ~150 万元，员工 200 人，资产 1000 万元。后面几个人啰啰唆唆的套话让我漫不经心起来，环顾四周，一幅标语让我眼前一亮："战略目标：5 年省内 100强，10 年中国 300 强，15 年世界 500 强，打造中国著名的多元化企业集团。"我的乖乖!!! 这么宏伟的目标？这样的老板我想见见。我礼貌地中断了座谈会，单独和老板面谈。

老板倒没有那种暴发户式的狂傲。原来，这位老兄干饲料第三年时，开始成了气候，年利润达到 100 多万元，自然感觉不错，头脑一热，就提出这样一个宏伟目标。围绕这个目标，他开始追求快速度、大规模，采用多元化发展策略。他投资几百万元发展养猪，结果惨败而归。为加快发展速度，他贷款在我国中部省份建设分厂，结果管理上跟不上，外地市场把握不准，多数分厂也处在亏损状态。"我的饲料生产规模扩大了三倍，但利润水平三年没有得到增长，公司还欠了一屁股债。我意识到自己在经营策略上出了问题，所以就讨教于你了。"他如是说。

这位老兄的问题，就是违反了发展的"阶段论"，想了超越阶段的事，干了超越阶段的事。他在创业三年形成饲料行业基础的时候，可以有两种选择：一是巩固、发展饲料企业这一根据地，在这个行业争夺区域市场的霸主地位；二是退城进郊，抓住房地产市场热的机遇，用城里的厂区开发房地产，迅速形成1亿元左右的资金积累，再图他谋。

我说："老兄，您当年没有弄清楚'我是谁'的问题，当年您的力量（包括资金、管理人才、市场驾驭能力）没有达到描绘宏伟蓝图的时候；您没弄清楚'我应当干什么'的问题，盲目地干了没有能力干的事情；您没有弄清楚'我应当怎样干'的问题，小公司采用了大公司的多元化策略。一句话，您没有讲'阶段论'。"

"阶段论"是我们企业家考虑战略问题的基本。

我送给企业家们一句话：超越阶段找死，落后阶段等死。

企业家是推铁球上高山

你选择了创办企业的人生道路，就踏上了一条永生奋斗的不归之路。因为，企业家都在干一件"傻事"——推着企业这个铁球上高山，不进则退，永无止境。

在我的朋友中，有几个都是在改革开放之初创业的。当初，他们都把"当个万元户"作为宏伟的目标。有搞餐饮的，有倒腾服装的，有办工厂的。在商品短缺的"卖方经济"时代，无论怎样的商品（当然也包括各种服务业）推向市场都如久旱之甘霖。生意那个火呀，刺激得教授都去卖鸡蛋了。我的朋友自然很快就实现了他们的目标——成了万元户。

当我们几个聚在一起喝酒的时候，我发现他们的目标变了："我还得努力干几年，存个几十万"、"我准备把工厂扩大规模"。当初他们那种弄到几万元存款见好就收的想法，一点点都没有了。二三十年过去了，这几个朋友现在的处境不一样了。

做餐饮的朋友，1993 年在南昌开了一家中等规模的酒店，年利润 20 万 ~ 30 万元。"我的命活正了"，实现了"存个几十万"目标的他常常自鸣得意地出现在我面前。我们几个"书呆子"建议他建立餐饮连锁，在南昌形成中档餐饮连锁店。他鄙视地一笑："做那么大干吗？做那么辛苦干吗？要那么多钱干吗？"我们又建议他在产品创新、服务创新、业态创新上做点文章，他也不为所动："我现在这样不是同样在赚钱吗？"这位老兄把企业这个铁球推到半山腰就休息了。到 2001 年，这位老兄的餐饮店关门了。南昌一批餐饮业的后来者，用规模经营、特色菜肴、餐饮文化、消费档次、服务创新，把这位餐饮老江湖赶出了市场。

那位开工厂的老兄，企业越办越大。一个小小的卤食品，竟然在全国办起了上千家的连锁店，成为江西一家著名的企业，年销售额达几十个亿。企业形成这样的规模了，他老兄还在盘算着怎样进一步发展。现在，他的企业已经在南昌办了几个很有影响的酒店，卤食品连锁店还在向全国各省市挺进，公司上市了。他天天在忙碌着，时不时约我一块儿去考察和论证项目。他还在推着企业这个铁球，推过了一座山峰又在向更高的山峰推去。"兄弟，你这辈子是没有停歇了"，我们经常这样调侃他。

是的，真正的企业家是一辈子不能停歇的。

回头看看近 30 年我接触到的企业，有一批甚至一大批的企业，它们曾经是辉煌耀眼的星，让人欣羡。但这些企业都像一颗颗流星，就那样一闪而过了，长则七八年，短则三五年，在我们面前就那样令人难以置信地消逝了。总结它们失败的原因，多数是企业家把企业的铁球推到一定高度的时候，停歇下来了。

企业生存在竞争的、多变的环境中。竞争，逼迫着企业家必须永远向前，你不走，竞争对手就会走到你的前面，你就会落后，落后就会挨打；多变，要求企业家必须创新求变。市场在变，竞争形势在变，你不变，就适应不了新环境，就会淘汰。所以，企业家是不能停歇的。

企业家的经营目标是没有止境的。达到某一个利润目标就想停歇下来，将铁球推到一个高度就想稳定下来，是不现实的。市场的风风雨雨会让你的脚打滑，会让铁球摇摇欲坠，一不小心，企业这个铁球就会失去支撑，向山下滚去。更加可恶的是，这个铁球不会简单地回到原来的起点，而是会在起点上砸个深坑，让你"知有今日，何必当初"。进攻才是最好的防守。企业的利润目标是守不住的，只有前进才能确保企业生存，只有不断追求利润更大才能保住现在的利润水平。

企业的经营管理是没有止境的。市场需求在变化、消费方式在变化、生产方式和工艺在变化、竞争形势在变化、竞争对手的竞争手段在变化……企业所处的环境变了，竞争对手的经营手段变了，消费者的要求变了，而你不变，那不就在等死吗？不同的山路，不同的天气，推铁球的步子和方法是不一样的。所以，企业的经营管理应当没有止境，不能静止不动，而要不断创新。创新和求变，就像人必须吃饭一样，贯穿于企业的始终。什么时候企业的创新停歇了，企业离死亡就不远了。

企业家可怜呀！一辈子都停歇不了。

企业家可敬啊！正是他们的忙碌为社会创造财富，正是企业家不断创新的职业特性推动着社会的进步。

企业家加油啊！永不满足的财富欲望、永不满意的创新精神是他们的优秀天性。把企业推向更高的山峰，是他们的人生选择和职业必然。

12 岁，企业的重要命坎

我们的祖先似乎在朦朦胧胧中，发现了很多规律性的东西，"12 定律"恐怕就是其中之一。

1 年 12 个月，1 年 4 个季节（1/3 个 12），1 天 24 小时（2 个 12），1 小时 60 分钟（5 个 12），1 年 24 个节气（2 个 12）、12 个生肖……

人到 12 岁，面貌特征基本就定型了，24 岁生理、心理发育就成熟了，36 岁就应当是成熟的男人或女人了，48 岁就快知天命了，60 岁是人体生理功能的拐点，72 岁在过去就算是古稀了，84 岁就是一个死亡坎（古话说七十三、八十四，阎王不请自己去），96 岁还健在那就是稀罕物了。可见，每个 12 岁都是人生的重要阶段。

12 岁，同样也是企业生命周期中的重要阶段。我总结近 30 年看到的企业兴衰起落，得出这样一个结论：12 岁，企业的重要命坎。

讲人的年龄，有虚岁之说。也就是说，人从父亲的精子和母亲的卵子碰到一块时就开始计算岁数了。当然，计算实际年龄，还是从出生日算起的。讲企业的年龄，我们只能从注册的日子说起。一个企业创业必须经过 3～5 年艰难的摸索，才能走向稳定的业务轨道，才能开辟相对稳定的利润渠道。也就是说，企业从出生到三五岁这期间，打败仗的时候往往多于打胜仗的时候。这一阶段，企业是以保命为主。企业家在这一阶段决策比较慎重，惜金如命，惜才如命，别人的指指点点也容易听得进去。不少人没有注意到企业初创阶段的特点，或过于冒进，或命不好，没有找到正确道路而失败了。在医疗条件不好的时代，1～5岁的小孩死亡率是很高的。同理，1～5岁是企业创业的关键时期，这一阶段的企业死亡率也是很高的。

企业死亡率的第二个高峰，就是12岁左右的时候。这一阶段的企业经历了高死亡率的初创期，又经历了七八年的快速发展期，可谓过关斩将，一路春风，水到渠成，莺歌燕舞。但就是在这样的春意中却掩藏着杀机，很多企业往往就是在春风得意中迈向死亡的。

处在12岁左右的企业赚到钱了，名气大了，脾气也大了，声音高了，胆子大了，耳朵小了。而这些都是企业的危机！

赚到了钱，有的人就忘记了当年艰苦创业的过去，就丢掉了艰苦奋斗的精神，开始花钱享受了。有的落入"男人有钱就变坏"的"定律"中，看不起当年与自己一道艰苦创业的妻子加战友了。离婚分家，分割财产，把老板们的精力、财力耗去大半，企业自然伤痕累累，元气大伤，甚至一命呜呼。还有的企业家有钱以后染上了赌瘾，一上赌场哪还有多少心思办企业？很多的企业就是这样垮掉的。

名气大了，社会各界往往在这个时候来凑热闹了。新闻媒体吹吹打打来了，反正是你出钱；政府官员来关心了，鼓励你加大投资做强做大，反正投资失误也不是官员的事情；企业家自己飘起来了，开始热衷于社会活动了，自己把自己提拔到某个级别的"官员"，沉湎于官员的感觉中。唉！很多的企业就是在这样一片莺歌燕舞中，走向太平间的。

脾气大了。赚到了钱，声音自然高八度，这是可以理解的。世界上没有失败者耍大牌、成功者当小媳妇的道理。但我说的一些企业家成功后，脾气大了，对员工的态度变了，对创业元老的态度变了，对合作者的态度变了，对消费者的态度变了。他们成功了，有脾气了，动不动就训人、骂人，对消费者的意见置若罔闻，甚至生厌、训斥。我见过很多这样当着我的面，训责助手、谩骂员工的老板。其结果呢？众叛亲离。12岁左右的企业，往往是内部动荡、内部斗争最激烈的时候，往往是队伍分化的开始。

声音高了。我们没有见过乞丐向人炫耀财富的，也没有听过比尔·盖茨、李嘉诚整天炫耀自己财富的。比钱的时候，声音最高的就是刚刚完成企业发育的老板。我曾经在课堂上教我的学生：人可以吹点牛皮，但不要吹得连自己都相信了。很多的企业家就是吹牛吹得连自己都相信了，自己不知道自己有几斤几两了，这样往往会导致决策失误。很多12岁的企业，就是盲目投资而死亡的。

胆子大了，耳朵小了。十几年拼搏获得成功，不让人产生点忘乎所以的情绪是一件难事。经历12年左右的商海沉浮，取得今天的成就，企业家很容易过于自信，进而从自信变成自傲。成功，容易使人形成经验主义的惯性思维。"想当年，我就是这样干的，错不了！"12岁左右的企业家，最容易形成这样的决策思维。这时候，旁边人的话，他们是听不进去的。即使是当年被他们奉若神明的专家、导师、师傅，此时也往往不在眼里，他们的话也听不进耳朵里。胆大耳小，过于自信，轻率决策，盲目投资，最终走向失败。

我把这种赚到钱了，名气大了，脾气大了，声音高了，胆子大了，耳朵小了，归纳为"成功综合征"。12岁左右的企业，企业家最容易患此病。"成功综合征"是导致企业死亡的一种慢性病，某种症状特别严重的情况下，也会导致企业猝死。

12岁左右的企业，面对着12年来积累的巨变：企业所处的环境发生变化了，原有管理制度的效能开始弱化了，员工（包括高层，甚至老板）开始要换班了，产品及其生产经营模式需要创新了，这些都是企业在12岁左右面临的危机。

企业在12岁（10~15年期间），可以说是危机四伏的年龄。一些有远见的、明智的企业家，在经历10~15年的历程后提出二次创业的战略，并从决定企业发展的各种要素上进行变革与创新，力求通过企业家修养的提高、员工队伍素质的提升、流程再造、组织架构重组、管理机制变革、竞争力量布局等一系列的内部变革，来促使企业二次发育，促使企业越过12岁这重要的命坎，进入新的发展空间和境界。我想，这是12岁企业的明智抉择。

12岁，企业二次创业的开始；

12岁，企业二次发育的契机。

愿我们的企业，成功跨越12岁这道重要命坎，迈进成熟壮大的新阶段。

明天的行程安排

2017 年春节，全家大聚会。患有老年综合征的父亲坐在中央，微笑地看着这热闹的场面。我兄妹几个携家带口的二十多个人，将酒店的大圆桌挤得满满的。

现在我们兄弟姐妹家家购置了新房，家家都买了汽车，其中我和步强都购置了别墅。大家回忆小时候的种种事情：家里买了自行车，全家人当宝贝一般，爸爸把它擦得锃亮，大妹步琴还用线为它钩了件"衣裳"；过年的时候，妈妈给我们每个孩子发一个苹果，要我们集体上公园的时候捧在手上炫耀；过年的时候家里炖猪头肉，香味馋得弟妹几个彻夜都睡不着，都要等到父亲给每个人盛碗汤，大家喝完这碗汤才能安心睡着……

听着弟妹们七嘴八舌地回忆过去，我想起了很多自己生活的画面：插队时三人挤在一起的 10 平方米农舍，党校我家三口人居住的筒子楼，党校三室两厅的楼房，卖掉党校住房搬进近 200 平方米的全江景房，购置了宽大舒适的别墅；家里先是添置了一台旧的黑白电视机，再到现在的大平板电视、空调、小车……一应俱全。

"现在的日子真是好啊！真的要感谢邓小平。"二妹步茹一声感慨，道出了我们随着国家富强起来，家庭生活富裕起来的巨变。

"今年，大哥 60 岁，我们好好为他祝贺一下。"弟媳李波将话题转到我的身上。

"大伯 60 岁了，准备再干一番事业出来？"不爱言语的侄子李斯舟发问。我将自己"明天的行程安排"向全家做了一个介绍。

我的人生规划

人生，应在不同的阶段，干不同阶段应该干的事。

初中、高中是学习阶段，大学是了解和研究某个专业且开始寻找爱情的阶段；毕业到 30 岁之间，应当是完成生存学习、事业选择、组建家庭的阶段；35 ~ 40 岁，应当是事业小有成就的冲刺阶段；40 ~ 60 岁，应当是收获事业、扩大事业的深化阶段；60 岁以后，就应当是享受人生的阶段。

人超越阶段不行，中学就早恋、大学就享受、不到 50 岁就放弃努力，都属于超越阶段。

人落后阶段也不行，30 岁还不想结婚，40 岁还在不停地跳槽，70 岁还在忙赚钱，那就是落后阶段了。

一个人，年轻的时候就要奋力拼搏，在事业上多干出点成就，经济上多积累些财富。老了就好好休息，多走走，多看看，多玩玩，多总结总结人生。

年轻的时候吃吃喝喝，打牌聊天，虚度光阴，老了为了改善生活还去看大门挣钱，这就是失败。

世界太精彩，人生太短暂。

其实，人的一生，就是制造的过程，就是体验的过程。

人生是制造的过程：制造思想和精神，制造财富和物质，制造情感和快乐。

人生是体验过程：体验世界的万事万物，体验生活的酸甜苦辣，体验人间的悲喜情仇，体验职业的忙闲得失。

怎样让自己的人生过程更加精彩、更加丰富？这就需要我们每个人都完成这样一个重要的命题：人生自我设计。

我的人生设计的宗旨是：尽量让自己体验得更加丰富，尽量使自己能为父母、妻儿、亲人、朋友、同事、社会、国家制造快乐，创造价值。

我的人生设计的阶段性目标是：1 ~ 15 岁，认识生活；15 ~ 30 岁，学会生活；30 ~ 45 岁，打拼生活；45 ~ 60 岁，体验生活；60 ~ 75 岁，享受生活；75 ~ 90 岁，随意生活。

1 ~ 15 岁，认识生活：人在小时候是没有权利、没有能力选择的，尤其是我们这代人。15 岁以前是在父母、老师的教育下，认识世界、认识生活。

15 ~ 30 岁，学习生活：15 ~ 30 岁是人生重要的学习阶段，学习文化知识、工作技能、生活技能、适应社会等。

30 ~ 45 岁，打拼生活：这是人生最重要的阶段，事业能否成功，生活在哪个阶层，构建怎样的家庭，都是由这一阶段的努力决定的。

45 ~ 60 岁，体验生活：在上一阶段成功的基础上，在 45 岁左右，可以考虑重新选择职业，以丰富自己的人生。这是一个有选择余地、有选择资本、有选择空间的年纪，也是重新选择的最后机遇。

60 ~ 75 岁，享受生活：有了前面的成功，60 岁后就有资本、有资格、有能力享受人生、享受生活了。

75~90岁，随意生活：过了75岁，人就不要怕死，也不要有太多追求、太多想法，随意生活。能吃就多吃点，能动就多走几个地方，快快乐乐，听天由命。

45岁前，我拼命工作，教学科研小有成就，行政级别也还蛮高，正值事业高峰。但我做出了体验生活的选择，将已有的成果全部清零，重新出发。15年的创业生涯，增加了我人生的一种新体验，也为人生的下一阶段奠定了一定的基础。

我是个闲不住而喜欢挑战、喜欢安静又闹得起来的人。今年60岁了，在外面游荡15年了，人生进入了一个新阶段。不同的阶段干不同的事，这是我的生活理念。进入人生新的阶段，怎样设计和安排明天的行程？

今年60岁了，我要在现有的并不富足的条件下来享受生活。我将从事业上彻底退休，带着老婆到没有去过的地方走走看看，把没有吃过的东西品尝品尝。若精力许可，就写点东西，自娱自乐。

75岁以后，我就把自己交给上帝安排，过一种随意的生活。

帮儿子"友曰"

我最大的任务是帮儿子。

我儿李梦舟从小就不愿意当公务员，还在读初中的时候他就说："你们当官活得真累。手下请示一件事，你同意就是同意，不同意就是不同意，还来个什么'原则上同意'、'你的意见基本可以'。我以后不愿当官，我要去经商当老板。"那时候我就赞许："嵩！有志气！你毕竟是浙江人的子孙！"说是这样说，内心其实不愿儿子去吃这样的苦。但我有心放他出去闯荡闯荡。男孩子嘛，守在父母身边干什么。

他初中毕业要上高中了，获悉上海的几所重点高中向全国招生，我就带着他去考了。在一些朋友的帮助下，他进入上海大同中学读高中。友人问我："你儿子才十六七岁，就放他一个人去上海，你怎么放心得下？"我说："我十六七岁就下放农村种田，他十六七岁'上放'到上海读书，有什么不放心的？"从我自己的成长来看，男孩子早点出门是有好处的。优胜劣汰，因早出门而产生负成长的结果，只能说明孩子的素质低，就是留在父母边也没有多大出息，也是负成长，只是形式不同而已。

梦舟在大同中学毕业后考入上海理工大学。就这样，他独自在上海整整生活了七年的时间。这期间，我就是他到上海读高中报到时送过他一回，到大学报到时送过他一回，其余都是他自己一个人往返。

本科毕业后，为了进一步开拓他的视野，我支持他去英国留学读硕士。

学成回国后，就面临职业选择了。我再三征求他的意见，他还是说要经商。我说那你就去大公司先体验、学习一下。我在朋友的帮助下，让他进了一个央企。两年不到的时间，他说这样的工作太浪费生命了。结果他去了"去哪儿网"，在那里从事产品开发工作。两年后，他觉得学到了东西，还是自己创业好，就辞职了。

经过近两年时间的思考、酝酿和准备，他创立了"又阅（北京）文化传媒有限公司"。我说："要老爸给你什么支持？"他说："给我发两年的工资，别让我饿死就行。"他从一个人干起，慢慢地发展起来。这小子的公司创立了一个叫"友曰"（朋友说）的自媒体节目，在"今日头条"等平台上发一些原创的视频图文节目，还很受青年男女的喜爱，短短的二三个月时间，就实现了全网累计400万的播放量，聚集了一大批"粉丝"。他很有信心地对我说："从这里出发，将产业链延伸，一定会成功的。"

文化传媒产业我不懂，新媒体我更不懂，但商业经验和经营原则是相通的，消费者接受文化传播的心理是大同小异的，公司内部管理的方式是相同的，公司公文写作的规范是共同的。基于这样的认识，出于帮帮儿子的初衷，我大胆地向儿子提出"求职申请"："我申请当你的办公室主任，条件是不拿工资、不坐班、不归你管，只提建议不决策，所有合同和文字由我把关。"我估计是前两条打动了他，儿子爽快地答应了。

我经常在南昌的家里，以一个老家伙的眼光，在手机上翻翻"友曰"，看看他公司制作的节目。之后就和儿子在微信上视频，斗胆地向他提一些建议："崽！我'又阅'了一下你的那个'友曰'，基本可以，蛮好。但我建议……"还好，我的建议他基本上采纳了。

现在我经常接到他布置的任务，诸如：老爸，我想今年公司的项目这样那样搞，您帮我出点主意呗；我公司的人起草了什么什么，您帮我看看呗；我们公司想在江西搞个某某活动，您帮我协调下什么什么可以不？我公司要签订个合同，您帮我把把关行不？

嗨！当儿子公司的名誉办公室主任也不容易，有些时候也有点烦，接到他电话我开口就说："你'友曰'什么？"

看世界

人生就是一个体验的过程，旅游就是一种重要的体验。世界这么大，总要去看看。看看世界的模样，体验他人的生活，品尝异地的美食。

我喜欢旅游，到没有去过的地方，欣赏没有看过的风景，吃没有吃过的美食，体验不同国家、不同地方、不同民族的生活，美哉美哉。

我不喜欢跟着旅行社参加那种行军式的旅游，我喜欢将自己静静地放在一个地方，融入在一个地方，慢慢地去体验当地人的生活，慢慢地感受当地大自然的呼吸。

我去一个地方旅游，不喜欢购而喜欢想。我会设想自己在这个地方生活将会是什么样。这样我就会产生"自己就是这个地方的人"的错觉，进而构思出自己在这个地方生活的种种画面；我会想想这个地方哪些东西值得我们学，我家、我居住的城市、我的祖国能否也这样？

我曾两次去美国，共计40多天的时间。我在纽约、迈阿密、芝加哥、夏威夷、洛杉矶、圣地亚哥、拉斯维加斯、奥兰多……在美国的城市，或是朋友开车带我去逛，或是我自己出去游逛。我尽量多地使用不同的交通工具，深入美国的大街小巷，出入美国人的各种场合，考察美国的各种业态。我甚至会半夜起来到周边走走，以观察美国城乡每天24小时不同时间段的模样。

最值得的回味的是在印第安纳州的一个朋友家里小住了4天。那里没有外来游客，没有城市的喧哗，寂静得像在童话里。我深入到大学、社区超市、社区健身馆、农庄，我和美国人民打了几分钟的篮球，我和美国人民并肩钓鱼，体验了美国人日常生活的点点滴滴。

嘿嘿，还真有点收获。

到美国旅游后我总结了几条：我国城市设施的硬件不比美国差，在高铁、地铁、高楼大厦方面还超过了美国；美国人很快乐、很知足，不像我们这么拼、这么累、这么紧张；我国的农业永远超不过美国（他自然条件太好），我国的自然环境至少要30年才能赶上美国（治理空气、水、绿化不是短期能见效的，但我们开始重视了就好办了），国民素质至少要20年才能赶上美国。

西藏是我目前唯一还想再去一次的地方，其理由可以在我下面这首诗里找到：

原来应当这样

——西藏游感

走进神秘的西藏，

融进圣洁的天堂。

我慢慢化成风儿，

在广袤的草原飘荡。

我渐渐化作烟儿，

融在云里把天神守望。

我轻轻化为水珠，

随着溪流行军歌唱。

西藏！西藏！

让我找到世界本来的模样。

天，原来应当这样，

蓝得透明，

蓝得闪亮。

云，原来应当这样，

白得似雪，

白得舒畅。

人，原来应当这样，

没有太多欲望，

没有太多理想，

只是虔诚地坚守神圣的信仰。

我去过俄罗斯、新加坡、泰国、巴厘岛等，感觉都不错。2016 年，我到不丹、尼泊尔、柬埔寨走了走，感觉也很好。

不丹是一个佛教国家，人口不到 80 万人，是世界上最后一个开放电视、网络的国家。为了体验不丹的网络，我还特意用手机完成了一笔上证股票的交易，还是蛮流畅的。我住在不丹最著名的宗堡——帕罗宗对面的半山间，俯视帕罗宗在晚霞映衬下的雄伟身姿；我登上了建在 900 多米悬崖峭壁上的、世界十大寺院之一的虎穴寺，领略到宗教在这个国度的神圣；在一场不丹式的结婚典礼上，我体会到了人们放弃物质欲望后的释然心境……

不丹，是世界上最不发达的国家之一，却是世界上幸福指数最高的国家。原来，幸福并不是和财富成正比的，简单甚至贫穷的生活，同样可以是幸福的、快乐的。

每次旅游入国门的时候，我都会说："还是祖国好！"

每次旅游进家门的时候，我都会说："还是家里好！"

当然，"在自己走得动的时候，多出去走走"的决定不变，旅游是我明天行程的重要内容。

炒股怡情

我不喜欢打牌、不喜欢打麻将，那就炒炒股来娱乐娱乐，还可能解决点旅游的费用呢。

2015年4月30日（上证4441点），我完成了开户，在自己的电脑上下载好了交易软件。我请深圳的朋友余来文博士为我推荐了三个票，让我的邻居小廖也推荐了三个票，准备好好学习一下炒股，为退休后的生活找个博弈的乐趣。

5月4日开市了。我拿出他们推荐的票来选择，没想到其中两个票是他们共同推荐的。我就动用了总资金中的50%，笨拙地操作计算机完成了这两个票的交易，正式自己操作股票了。开盘不久，接到余来文的电话，说他到南昌来讲课，我赶紧请他速到办公室来教教我。他一上午的面授技艺，让我很快就掌握了看盘和操作的基本技巧。

不到一个月，我总投资200万元就赚了70万元，股指走进5000点了。我感到了风险似乎就要来临，但此时的舆论高喊着向一万点冲锋的激昂，让我心里打起了小算盘：到盈利80万元时就坚决收手，就差10万元，就可以把海南买房子的80万元赚到手了，再有一两天的工夫恐怕就行了。嗨！奇了怪！连续几天，我的股票就是上不去。

不得了了！上证进入5178点后，出问题了，三下两下把我的利润砍回去一半。

国家出面救市了，我又还有30万~40万元的利润，它还能跌到哪里去？不出！我将部分已经突围出去的部队又杀了回去，结果千股跌停、千股停牌这样的千古奇观出现了，我"娶回来"的70万元利润"夫人"赔回去了，还折了80万元的"兵"。

看来要学习，要向高手学习。我正式拜邻居小廖为师傅，开始认真学习研究了。在他的指点下，2016年元旦前，我抢回了损失，还盈利了20多万元，心里美美的，又有点得意起来。

"熔断！"2016年元旦后的熔断机制，又演化出千股跌停的奇观。2016年1月7日，中国股市的第一次熔断，让我想起小时候在信江学游泳的时候，大人们总是制止我们这些孩子："别游到龙头山脚下去，那里有旋涡。"一些孩子说："我离旋涡还远呢，不怕！"大人就会耐心解释："旋涡是有吸力的，你离旋涡5~6米，就会被吸过去的。"这股市熔断不就是"旋涡效应"，看起来第一熔断点是设在5%的跌幅，那个点位就是旋涡的中心，大盘只要跌到3%的时候就有吸力了，大家担心进入旋涡都加速跑，大盘不就加速向5%跌去？既然都熔断休市了，大家怕再吸到7%的大旋涡，再恢复交易后还不赶紧加速跑？

"不行！要吸取教训，下次只要大盘跌到2.5%，老子就撒开腿扎西跑（南昌话：赶紧跑的意思）。"第二次熔断，本人成功逃脱了。

就这样又折腾了一年，直到我在增加了一些援军的情况下，到2017年3月，才弥补上损失的"兵力"，招回了利润这位难以伺候的"夫人"。

"小赌娱情"，炒股就是一种娱乐方式，就当是打麻将，涨涨跌跌、输输赢赢就那么回事，只要不贪心有耐心，还是可以赚点小钱的。

千亩树和一本书

现在的千亩苗木基地已经完成投资了，进入维护和等待销售的阶段，无须花费我多少精力，只要几个技术人员管理即可。种好这千亩树是我的重要行程。

都说属鸡的人是劳碌命——闲不住，我这只老公鸡恐怕也是闲不住的。除了上述行程安排，剩余的精力干些啥？

青春年少时期，我有做过文学梦。在知青时期，也曾写过小说投过稿，可都石沉大海。老了，能否重拾旧梦？

对！写本小说，写本反映我们50后历经磨砺，与新中国一道创建光荣梦想的小说。

别笑！我还真将此作为我人生的最后一个挑战。我知道，自己是写经济论文出身，没有什么文学功底，写小说是扬短避长，成功的概率是不高的。但人生就是体验，不去体验一下，怎么知道写小说的滋味？

要干！不求名，不为利，只求过把文学瘾。

要干！不求大家都称道，只求大家看完我的小说后说一句："还行。"不求一定能出版，达不到出版要求，就自己看看。

推崇"四个一"的休闲方式

不会休息就不会工作，不会休息就不会生活。一个人无论工作多忙，都必须善于处理工作与休息的关系。

从自己的爱好和特点出发，我推崇"四个一"的休闲方式。所谓"四个一"的休闲方式是：一个月四个周末，钓一天鱼，看一天电视，读一天书，陪老婆逛一天街。

钓一天鱼。在季节适合的情况下，约上一两个朋友，自己开车到郊外的鱼塘钓钓鱼，很是惬意。不计结果，只求过程；闻闻田野的泥土香味，晒晒难得的阳光……这是一种真正的放松，真正的享受。与打牌、打麻将相比，钓鱼不必认认真真，不必计较输赢，不必自责他责。与打球等运动相比，钓鱼是那样的高雅、悠闲，在一种看似无为的过程中，让你的大脑得到休息，让你的身心得到洗礼，让你的筋骨得到活动。钓一天鱼回来，肌肉有点酸痛，大脑得到清空，心情得到放松。晚餐品尝自己的劳动成果，品上几杯小酒，洗个热水澡，就可以睡个美美的好觉了。对于我这个长期失眠的人来说，钓鱼是最好的药方。

看一天电视。现在的电视剧蛮有点看头，精品不少，尤其是抗日战争题材的、红色系列的连续剧，更是我的最爱。平日里，没有时间跟着电视台的节奏走，周末就来个总检阅。一些地方台比中央台够味儿，一天12集连播，真让人大饱眼福。网络为我这种人提供了便利，一部32集的连续剧，一天消灭干净，过瘾。

读一天书。世界上什么东西都不能享用太多，唯有读书可以。星期天，半躺在临江的窗台上，任太阳斜照在身上，捧着一本近来新出的好书，泡一壶香茶，读读书，喝喝茶，疲倦了就小睡片刻。这样集中一天的时间，基本上可以读完一本书。每月一天，每天一本，一年读12本书，加上其他资讯，基本上就可以跟上社会的步伐了。我读书很杂，经济、管理是我的专业，但小说、军事、人物传记、哲学等，都是我之所爱。《读者文摘》、《青年文摘》、《杂文选刊》也是我的床前书。书可以多读，但不可死读。读书的过程，是思考的过程，是吸收转换的过程。读几页书，躺下来回味回味，思考思考，收获就会不一样。

陪老婆逛一天街。天下男人，都怕陪老婆购物。不知什么原因，女人天性就爱逛街，天性就把讨价还价、挑三拣四当作乐趣，让你的陪同充满着痛苦。但我对每月一次陪同老婆逛街的任务从不厌烦，原因有三：一是为夫的责任使然。人家嫁给你，连上街要你做个伴你都不干，不够义气。二是情趣所需。一个人出门上班，进门睡觉，没有意思。逛逛街，看看街上的热闹，欣赏欣赏街上花枝招展的美女，看看货架上千姿百态的商品，浏览五颜六色的广告，不也是生活中的另类享受？三是讨好老婆的机会。陪老婆上街的这一天，是夫妻两个人交流的好时机，可以增进夫妻感情。这一天，老婆的政策是宽松的，态度是温顺的，甚至你还可以有恃无恐一点点。

生活应当多彩，应当有张有弛。坚持"四个一"，是丰富自己生活的有效途径。

思考的列车不能停歇

我喜欢思考。伟人能够出思想，我们小人物要喜欢思考。

思考是人精神的创造，也是人生命的重要组成部分。人老，脑子先老。即人的衰老，首先是思考的钝化。

我不能够停止思考，否则就真的老了。现在将自己这些年来思考的一些东西拿出来，供大家参考。

做个广告：我的思考，你的参考。

闲来几笔

太把自己当作人物，你就成不了人物。

追求好事的时候多想难处，遇到坏事的时候多想好处。

耐得寂寞磨利剑，不甘寂寞思腾飞。

吝啬是一种精神病。物质上吝啬的人不可能会帮助你，但也不会真正伤害你；精神上吝啬的人不会宽容你，而且很可能会在精神上伤害你。而精神的伤害才是真正的伤害。

十分的利益应当用三分的心来追求它，三分的祸患应当用十分的力来规避它。

别人拍胸脯答应你诉求的，你不要寄予期望；沉思半天勉强答应你诉求的，往往很有希望。

不要和喜欢抖脚的人合作，他会把你的财气抖掉；不要和喜欢拍胸脯的人合作，他向你拍完胸脯后，也可能马上向你拍砖。

商人不要和政治过于亲近，也不要离政治太远。太近，往往会被政治运作、政治思维、政治方式、政治规则、政治习惯同化，而迷失商人的职业功能；太远，往往会因脱离政治环境、脱离国家政策，而错过商业机会，做出不适合环境的商业决策。

既要重视君子的推动力量，更要重视小人的破坏力量。

企业家要赚钱，更要赚人，要注意努力去赚人才、赚人心、赚人情。

知足不满足

人这一辈子，没有知足的态度是很危险的，没有不满足的精神是很乏味的。

当官的不知足，进了中央政治局常委还嫌排名太靠后，使得自己的从政生涯永远痛苦；经商的不知足，睡在金山上还嫌钱太少，终身都在挣钱而没有享受到用钱的快乐；男人不知足，总认为人家的老婆漂亮，就会制造出很多痛苦；女人不知足，总认为人家的老公比自己的老公能干，就会将自己置身于煎熬之中。所以，人应当为已经拥有的东西而知足。

因知足而满足也不行。满足了就会安于现状，就会不思进取，就会踏步不前，那人生也就没有意思了。不满足，就是要以更高的标准为目标，尽自己的力量再努力一把，再挑战一下自己。不满足，才能充分挖掘自己的潜能，才能体验挑战自我的快乐历程。

知足地品味现有的成果，不满足地挑战自己的潜能，才能制造出更多的人生快乐。

自信不自傲

没有自信就没有精神，没有精神就没有冲劲，没有冲劲就没有成功，没有成功人生就没有意义。

一个人，无论身处怎样的境地，都应充满自信。人与人之间是平等的，人家是人，你也是人，没有什么可以让我们自卑，没有什么可以让我们失去自信。

自傲是自取灭亡的特效药，自傲是一种疯狂。自傲能将所有人隔阻在千里之外。

无论成功与否，无论地位高低，无论财富多寡，我们都没有理由自傲。自傲能伤及他人，更会伤害自己。

过度自信和过度不自信，都会演变成自傲。

求进与知退

求进是人生的意义所在。人若不思进取，安于现状，就与一般的动物无异。

人类的进步就是不断求进的结果。

知道求进的人多，懂得知退的人少。

求进难，知退更难。

无论商场、官场，迈向成功的第一步是艰难的，停住最后的一步则更难。而灾难往往就在最后的这一步出现。

人不知退的关键是贪欲，欲壑难填。

人要知退，退是进的另外一种形式，退是不进的进。

等待的艺术

等待是领导艺术，是经商艺术，是成功的艺术。人要学会等待，人在很多时候面临等待的考验。

有的时候，需要人做消极的等待。老子的"无为而无所不为"说的就是一种等待。有时候自己尽了一切努力，该用的招数都用了，事情仍然没有预期的结果。这是因为很多事情不是取决于自己的，而是外界因素决定下一步走向。谋事在人，成事在天。这时候，你乱动，盲目地作为，可能就会出问题。

更多的时候，人要做积极的等待。等待最佳的时机，等待条件的变化，等待机会的到来。积极的等待，就是在等待的同时，做好出击的准备，创造出击的条件，开辟出击的道路。

等待是痛苦的，尤其是长期的等待，更是非常折磨人的过程。这就是我们面临的等待的考验。我曾经写过这样的句子："耐得寂寞磨利剑，不甘寂寞思腾飞"，就是面临长期等待时应有的心理状态。

等待是快乐的，长期等待后的预期效果尤其能带来更大的快乐，正如足球的魅力就是等待的魅力。

等待的时间往往是转折的拐点。正如毛主席所言，不利的情况向有利的情况转变，往往就在于再坚持一下的努力之中。这种坚持，就是一种等待，以积极的等待来换取转变。

闲，是慢性毒药

人最怕闲。

闲，是一种无聊，是一种自耗，是一种自杀，是让生命慢慢消失的慢性毒药。

当然，闲来独自静思，闲来琢磨点事情，闲来仔细观察那些平日里不会细察的事物，闲来与益友闲聊也是有益的。

别被假设敌吓倒

人的思维中，往往容易为自己制造出很多的假设敌。"可能会……""可能有……"我们很多的成功，可能就是被这些"可能"消灭掉的。

人不能被敌人所吓倒，更不能被假设的敌人所吓倒。

勉强

托人办事，不要勉强别人。

勉强办成事情好像是你获得了，其实是失去了。你会因此失去别人的信任，以后他就不会再答应帮助你了。所以，托人家办事，不要为了实现自己的目的，让别人过于勉强。

帮别人办事，也不要过于勉强。帮助他人是快乐的，但你过于勉强就是对自己的伤害，就成为痛苦的事情。

99 和 1

烧开水烧到 99 摄氏度就停下来，等于没有完成烧开水的任务。就差 1 摄氏度，白白烧了 99 摄氏度。这种功亏一篑的事情经常在我们的工作中出现。这就警示我们，一件事情要干就干好，要干就力求完美，要干就要竭尽全力。

有些人，你帮他 99 件事情，就 1 件事情没有帮他，他就跟你生气了。这种人你别和他交朋友，你也不能成为这样的人。多感恩人家以前对你的帮助，多找找人家没有帮你的理由。

制造快乐

我奉行一条处世哲学：制造快乐。

快乐，是精神上愉悦的情绪，是心灵上满足的感觉。快乐，我们触摸不到，但它却可以写在我们的脸上，流淌在我们的心房。那得到某种满足后浮现在我们脸上的淡淡微笑，那获得钟情后浮现在情人脸上的羞涩神情，那朋友之间的开怀谈笑，那竞技获得成功后的咆哮，那得到他人赞许时心房里流动的得意感觉，等等，都是对快乐的诠释。

快乐是人的终极追求。人的一生都在为获得而奋斗。从政的为获得更高的级别而奋斗，从商的为获得更多的财富而奋斗，各类"家"们为获得荣誉、名气、奖项、成果而奋斗，老百姓为获得更多的钱改善生活而奋斗。这些奋斗都是人们为了某种获得而做出的追求，因而我们往往就认为升官、发财、成功就是人们的追求，这就本末倒置了。其实，人所获得的东西并不重要，重要的是获得后所带来的快乐。

升官，获得了更高级别的职位，但你的能力不足以承担这样的职位，整天为应付工作而苦恼，整天背负巨大的压力，你就不快乐，这种获得就不是获得，而是失去。

贪官是世界上最大的傻瓜，轻松获得巨额的黑钱，但并没有获得丝毫的快乐。贪官手上的钱不是他的钱，他是在充当国家税务的志愿者。东窗事发，他的钱不仅要收走，他本人还要受到惩罚；那些钱用不出去，用不出去的钱就不是钱；有了钱不快乐，还很害怕，这种不能制造快乐的钱就不是钱。

所以，快乐是目的，升官、发财、成功是手段。人应当将快乐作为终极追求的目标。不能为我们制造快乐的追求，都不应成为我们的追求。不能带来快乐的官我们不当，不能带来快乐的钱我们不要，不能带来快乐的成功我们不去追求。

快乐是可以制造的。通过升官、发财、成功这些手段和渠道，可以得到精神上、物质上的满足，进而可以为我们制造出更多的快乐。

当一个老百姓认可的好官，当一个能够成就一番事业的大官，本身就是一件快乐的事情。那我们就认认真真当个好官，认真地在当官的过程中为自己制造快乐，认真地品味和享受当官带来的快乐。如若低三下四求晋升，违规违纪去买官，小心翼翼去保官，苦苦期待等提拔，自己给自己制造当官的痛苦，这官当的就没有意思了。

钱可以制造快乐，钱可以买到快乐。那我们就通过合法的手段，赚取更多的钱，积累更多的财富，以求获得更多的快乐。我们可以把赚钱的过程作为体验的过程，作为争取竞争成功的过程，作为制造快乐的过程；可以用赚来的钱，为自己制造购物的快乐、旅游的快乐、享受的快乐、行善的快乐；我们可以用赚来的钱消除亲人、员工、朋友、弱势人群的痛苦，为他们制造快乐。我认为，能够为员工制造快乐的钱，是最有意义的钱；能够为弱势人群制造快乐的钱，是最有价值的钱。违法弄来的钱不能制造快乐，这样的钱就是个定时炸弹；用自己的钱将儿女养得骄横、无能、奢侈，这样的钱就是毒药。

心可以制造快乐。"一切福田，不离方寸；从心而觅，感无不通。"这句话说明了一个道理：一切快乐都在自己心里，快乐源于你的内心，人可以自力更生地制造快乐。

美国的舒勒博士在《快乐的态度》一书中揭开了永远快乐之秘诀：没有人是完美的，应承认、正视、悦纳并逐步改进自己的弱点；乐观对待挫折，从挫折中吸取教训；好人永远是快乐的，做个受别人欢迎的好人；能屈能伸，无论在顺境或逆境，生活态度都处之泰然；热心帮助别人；宽恕和同情他人；当你做任何事时，必须坚持个人的信念；保持心境开朗。

我再加上几个制造快乐的秘诀：事情都已经发生了，就让它发生；我已经在做了，就高高兴兴地去完成；每件事情都有每件事情的快乐，找到这种快乐。

为他人制造快乐是最大的善举。做一个能够给别人带来快乐的人，是一件很伟大的事业。在家里，为亲人们制造快乐，让父母为你自豪、因你开心，让爱人因你的言行而愉悦，让子女因你的关爱而幸福，让亲友因你的行为而欢欣。在家外，为朋友、同事、同行、同学、老师、上级、部下等制造快乐。我就是让大家快乐的活宝，通过自己的言行，让大家欢乐，让大家开心，让大家高兴；我就是快乐的播种机，走到哪里就把欢乐带到哪里；我就是给大家取乐的开心果，让大家高高兴兴地工作，痛痛快快地喝酒，欢乐无比地同行，开开心心地合作。

甘于为制造快乐承担成本。制造快乐，就是生产快乐。而生产的过程，是支付成本的过程。我们要制造快乐，就会支付很多的成本，尤其是为他人制造快乐，更要承担和支付成本。为了避免不必要的摩擦，为了避免争吵给爱人带来痛苦，让他（她）开心和快乐，就要承受必要的委屈，这就要支付心理成本；为了合作伙伴的快乐，我可能要做出必要的退让，这就要承担退让带来的利益牺牲，就要支付自己利益的成本；为了烘托气氛，让大家开心和获得快乐，我就要拿自己开涮，这就要支付面子的成本；为了消除他人的痛苦，让他人高兴起来，这就往往要承担金钱的成本……制造快乐，就是要快乐地支付成本，为他人和自己制造快乐。

善于制造快乐的人，一定是心胸大度的人，是一个善于宽容、大气豁达的人，是一个能屈能伸的人。

我们要做一个甘于制造快乐的"傻子"，做一个善于制造快乐的工程师。

第五篇 柔笔留痕

人生每一个阶段都有某种与之相应的哲学。

儿童是现实主义者：他对梨子和苹果的存在深信不疑，正像他对自己的存在深信不疑一样。

青年人处于内在激情的风暴之中，不得不把目光转向内心……他变成了理想主义者……

但是当他老了，他就会承认自己是神秘主义者；他看到许多东西似乎都是偶然的机遇决定的……以致老年人对现在、过去和未来所存在的事物总是给以默然承认。

——歌德

放歌人生万事悠

平日里，自己喜欢涂鸦，写写东西，以寻找文学给予的精神享受和爱好带来的乐趣。下面的一些东西，是我保留下来的一些自我感觉像是诗的东西。烂不烂，请您先知道，再指导。

可惜不能重来

——2004 年毕业 30 年回鹰潭铁中母校有感

可惜不能重来，
不能再简单幼稚，
不能再胡思乱猜。

可惜不能重来，
不能再谈笑无忌，
不能再敢笑敢爱。

可惜不能重来，
不能再迷茫犯错，
不能再调皮使坏。

可惜不能重来，
不能再无私无畏，
不能再青春豪迈。

九曲洲赞（外一首）

九曲洲，
仙境游。
丹霞奇峰北窗秀，
碧水玉波南门羞。
翠竹染风绿，
桃花映楼红，
乡间野味世难谋。

九曲洲，
仙人留。
朝踏香露下钓钩，
暮挽紫烟荡扁舟。
燕雀逗君欢，
溪水洗人愁，
一夜香梦十年寿。

（2006年投资建龙虎山九曲洲度假村项目，为其写的广告诗。）

紫烟牵竹移，
冷霜袭人衣；
明月漫铺玉，
秀才独羡鱼。

（夜，徘徊于龙虎山九曲洲山庄，吟得几句。）

鹰飞峰顶不是极

（欣闻曹泽华兄光荣退休，吟诗二首发短信致意，以报知遇之恩。）

（一）

鹰飞峰顶不是极，
万里云天任君击；
助我扬鞭征千里，
凯旋归来报君谊。

（二）

庙堂位高令人慕，
谁能品味甘与苦。
曾展鹏翅揽云月，
亦扬劲帆江河渡。
喜解官翎谷蔬种，
欢舞长袖美酒煮。
征战一生笑卸甲，
携妻经营欢乐庐。

放歌人生万事悠（外二首）

（一）

一道栅栏万里沟，
有无花翎人不同。
终身不唱何满子，
放歌人生万事悠。

（注：何满子为词牌名，白乐天诗云："世传满子是人名。临就刑时曲始成。一曲四词歌八叠，从头便是断肠声。"）

（二）

杯盈，
难以求得新的增加；
湖盈，
自毁赖以生存的大坝。
盈满，
美丽的罂粟花；
戒盈，
人生重要的关卡。

（三）

日出星隐明月回，
黛山青波朝霞飞；
借问牛郎痴心否，
何不快唤织女归。

（2013年7月，受邀在新余创业大学讲课。清晨，漫步仙女湖畔，秀丽景色勾起雅兴，吟得几句。）

赠学员

（2008年，值首期研究生班毕业10周年，我为学员各题一藏头诗，示敬贺之情。）

冷芬俊，领跑助推

冷风暖雨已十载？
芬花香树春又来。
俊才十三君为首，
领军前行君为帅。

蹇伟，高升

蹇门一杆竹，
伟岸向天舒；
高风争三春，
升空似鹰舞。

曾佐逊，真雄鹰

曾经捧出炽热的激情，
佐扶您的仅是亲人？
逊色的春天总有阴雨，
真正的生命在春雷声中衍生；
雄狮总在胜利时清醒，
鹰在期待新天地翱升。

王裕萍，热情人

王中王，
裕而强，
萍乡出个好儿郎；
热待人，
情意长，
人强定能征四方。

邓文云，搏击摘星

邓家龙，
文武齐，
云飞乘风拍浪起；
博商海，
击浪去，
摘下星星当珠戏。

张常青，当腾飞、慎守

张弛度，
常记住，
青色虽美蓝是母。
当明悟，
腾飞有待劲风助，
慎守己身忧患无。

冯文，大吉

二马驰骋英雄会，
文武人才校园汇；
大庆顺德享盛世，
吉安泰和展荣辉。

张冬林，升腾中低调歌唱

张开腾飞的翅膀，
冬云已难以阻障。
林间快乐地穿越，
升腾中低调歌唱。

郭美荐，大步进取

郭庭荣，
美妻助蛟龙；
荐进京，
大展强国梦；
步正健，
进取泽工农。

薛志华，大壮志

薛家一支枪，
志在平四方；
华章永丰亮，
大式震峡江；
壮志不早退，
凯旋在井冈。

张小平，博拼·品茗

张弓能射雕，
小刃可屠妖；
平常心态事，
搏击事业骄；
拼杀战场后，
品茗独逍遥。

毛周童，忠诚人

毛家庐，
周边松，
童骑牛来牧笛颂；
忠良伴，
诚恳同，
人间仙境尽怀中。

节日的歌声

（一）

你悄悄地来，

种下多少梦想和期待；
三百六十五个日夜，
将会绽放多少精彩。

你悄悄地来，
演绎多少神奇和古怪；
迎来又一个春秋轮回，
将有多少繁华和衰败？

你悄悄地来，
把我融入大时代；
神州风生水起处，
当有我汹涌的澎湃。
（2017 年元旦）

（二）

跃马商海十余年，
勒缰回首拂尘烟；
多少风云眉间渡，
更有春雨沐心田；
赣水行舟桨不闲，
井冈攀峰志更坚；
喜看稻菽千重浪，
低头再垦万亩田。
（2016 年元旦）

（三）

清明雨方休，
端午人赛舟。
开门见香艾，
闭门品甜粽。
（2013 年端午节作）

（四）

一夜春风桃花开，
春风再吹桃花哀；
同是春风惹花事，
一盛一衰回刚才。
花翎一系春风在，
花翎一摘冷风来；
塞翁焉知得失果，
岂可自弃埋雄才。
花盛一时世人睐，
春风一吹花又开；
进退起落莫感慨，
但求人生云样白。

（2016 年 12 月 59 岁生日有感）

乡村的记忆

　　四年的下乡生活，让我对农村有着独特的情愫，并留下了很多美好的乡村记忆。

　　三十多年过去了，那云水村落、涓涓小溪、亭亭小桥、竹林水雾、池塘涟漪、荷塘月色，时常会组合成一幅水墨长卷，浮现在我的梦境中。

　　江西农村最美的时光应当是夏日的黄昏。那西斜的夕阳，将村庄映照得明暗分明，形成一幅色彩对比、光线对比都十分强烈的优美画卷。村前那几棵千年古樟，仿佛是几位老者汇聚在村前。夏日的微风吹动着树梢，宛若老者的发须在缓缓飘逸。古樟旁边，一条蜿蜒的小溪不知疲倦地流淌。成群的孩子赤身裸体在溪水中嬉戏，那天真无邪的笑声时时引得溪边的牛儿侧目观望。

　　透过翠绿的古樟林，红石砌成的瓦房若隐若现地在舞动，房前屋后的竹枝在舞动，纱帷般的炊烟在舞动。在风儿的摆弄下，古老的樟树和竹林在动、民居在舞，整个村庄仿佛是一幅会动的图画。

　　知了在夕阳下的歌唱声，鸡鸭狗儿在屋前的嬉闹声，村妇唱腔般的唤儿回家声，壮汉雄壮威武的喝牛声……这些声音，组成了立体版的乡村交响曲。正如我的一首小诗所描述的：

> 陂塘映西霞，
> 竹林飞紫花；
> 炊烟池上戏，
> 鸡鸭正归家。

　　夕阳慢慢退去，夜幕慢慢降临。乡村的月亮就像一枚玉轮，缓缓地从丘陵顶上升起，将整个村庄涂上一层浓浓的水银，透着一种神秘的色彩。整个村庄被宝蓝色的天空笼罩，小溪微微地泛起像鱼鳞般的银色斑斓，不时会因青蛙的跃入而发出"扑通扑通"的声响。其实，此时的乡间已经开始演奏小夜曲了：青蛙鸣唱，蟋蟀放歌，姑娘嬉笑，小伙打闹，偶尔传来几句夫妻间的争吵。你若细细品味，还能感触到田野的气息、大地的呼吸、植物的愉悦。

夜色越来越浓了，灯光越来越稀少了，月色越来越明亮了，虫儿、蛙儿越唱越欢快，村西的鱼塘里也传来了鱼儿戏水的声音。草丛、土坡、田埂、水塘、树梢……整个乡村到处都有生命在跳动，到处都散发着生命的活力。

夏日的夜晚是短暂的，乡村的夜晚是美丽而充满活力的。

江西四季歌

春

　　我喜欢江西。喜欢江西朴实、热情、实在的人，喜欢江西充满灵气的山和水，喜欢江西对外来人宽容、兼容、包容的氛围，也喜欢江西四季分明的气候。

　　江西的气候犹如秀美贤淑的少妇，知冷热，有涵养，性直率。春雨的缠绵，夏日的炎热，秋风的馨香，冬雪的浪漫，大自然给予的四季特征，在江西都表现得淋漓尽致，充分洒脱。

　　江西的春天就是从立春那天开始的，虽然也时有倒春寒的天气，但立春以后的风就和冬天的不同。立春的第二天起，江西的风就柔软起来，没有了冬天的那种凌厉。你可以在风中体会到苍天温情的抚摸，感受到万物复苏的渴望。立春的第二天起，江西的水就温和起来，你可以从水中触摸到大地的体温，可以触摸到生命的脉动。到了清明的季节，江西春天的本性就展现无遗：漫山火焰般燃烧的杜鹃，黄金漫地般的油菜花，妩媚娇羞的桃花，竞相破土的春笋，成群结队的蝌蚪，竞发新叶的草木，门前觅食的小鸡，让江西的春天那么丰富多彩，那么灵秀婀娜。江西的春天最让人心动的是那毫不吝啬的春雨，雨儿时而缠缠绵绵，时而酣畅淋漓，时而优雅自得，让人忍不住要投身其中任其抚摸。

　　春天所有的信息在江西的任何一个地方尽可一收眼底，人类赞美春天的所有词汇都尽可用在江西。北方的朋友真应该在清明节前后，到江西的农村来认识真正的春天。

春 曲

春风赶路疾，
山野换绿衣。
布谷邀蛙鸣，
鹅鸭追鱼戏。
竹林水雾悠，
笋儿破土急。
农夫忙扶犁，
播秧盼秋喜。

池前樱花

满池樱花满树春，
香风吹来独醉人；
只惜花谢春太短，
更叹人生几个春。

夏

江西的夏天让外地人不太喜欢。

持续高温、闷热的天气，使得江西的夏天漫长而难挨。江西真正的夏天应该从端午节开始，"三伏天"则是夏的高潮，就是到了立秋的时节，夏天炎热的威力仍丝毫不减。"秋老虎"是夏的余威，它还在考验着人们对高温的耐心。只有等到中秋节，人们吃下月饼后，夏天才依依不舍地和人们说声"拜拜，来年再见"。

江西的夏天真的不舒适，但也可以制造出很多生活趣事来。

1983年，省委党校一下引进了"十八棵青松"（18个高校应届毕业生）。那个时候住房紧张，我们一批年轻教员就安排在一栋筒子楼里。因为筒子楼不通风，空调那时候还是稀罕物，一到夏天我们这些知识分子就斯文扫地。结婚生子的就携妻带子争先恐后地把竹床搬到省委党校的球场，支起蚊帐，露宿校园。单身汉们就卷个草席、枕头，到八一广场的草地和市民们一块儿露宿街头。

在八一广场铺上席子席地而坐，大家或畅谈国事，或卖弄各自的学科专长，或交流自己以往的经历。我的知青往事，特别是偷鸡摸狗的战斗经历很受欢迎。聊得晚了，兴趣来了，就留下一人看守，其他人走到羊子巷、系马庄之类的地摊上，炒盘儿螺丝或炒盘儿南昌米粉，点几瓶南昌啤酒，大家光着膀子热闹一番。

今天，我们这批青年人大都成为省内外著名学者、厅级处级领导干部了，当初露宿校园、光着膀子在市井喝酒的情景，还经常成为大家见面后的谈资。

最让人喷饭的夏日趣事发生在我插队的时候。

每逢夏夜，多数村民都会到村前的石头岭上露宿。一张张席子铺满石头岭，以家庭为单位横七竖八地躺满了劳作一天的人们。有天晚上，有个村民陪着老婆露宿，晚上小解后迷迷糊糊地走错了地方，睡到人家老婆的席子上去了。睡到天亮，人家的老婆大呼小叫："要死了！我还以为是我屋里的。"大家一场哄笑也就了事了。

我喜欢江西的夏天。夏天就要有夏天的味道，夏天就要有夏天的性格。夏天不热，就没有意思了。四季如春的地方，就像一个没有性格的人，不好玩，没意思。

我喜欢南昌的夏天。南昌的夏天充满着生活的气息，充满着南昌人独有的味道。小巷里打着蒲扇的老太太，光着膀子在路灯下下棋的老头儿，相互追逐的赤裸顽童，蛤蟆街那炒螺丝、炒米粉的香味，中山路、胜利路的时尚美女，都构成一道道南昌夏天的独特风景。

在空调普及的今天，走出房门去品味一下真正的夏天，看看那特别明亮的星月，听听蝉鸣、蛙唱和蟋蟀欢歌，看看萤火虫在夜幕中忽闪忽闪地飞行，还是蛮有味道的。当然，有条件的话开车去南昌湾里的梅岭、九江的庐山、宜春的明月山这些避暑胜地休闲数日，更是美哉美哉。

夏　午

骄阳，

把江南的大地灼得滚烫；

农夫，

大樟树下架起了竹床；

蝉鸣，

撕破了午间寂静的时光；

狗儿，

檐下伸舌倾吐着热浪；
稻田，
谷穗蒸发出稻谷的馨香；
山地，
瓜儿发出成熟的声响。
夏日，
收获春天的辛劳，
播种秋天的期望。

秋

用金秋形容江西的秋天，是再合适不过的了。金秋十月，江西最成熟的季节，江西最美丽的季节。

你若在十月的时节驾车到江西来，只要一进入赣鄱大地，就会产生一种在金色空间飞驰的感觉。

公路两侧，金色的稻田如黄金满地倾泻，稻浪在秋风的推动下起伏翻飞，让人情不自禁地默诵起毛泽东的诗句："喜看稻菽千重浪，遍地英雄下夕烟。"你若摇下车窗，一股股浓浓的稻谷馨香就会扑面而来，让你沉醉，让你回味，让你很快就找到孩提时代在外婆家的记忆。路过村庄的时候，你可以在多数农户的房前屋角看到亭亭玉立的柚子树，一个个金灿灿的柚子在绿叶间摇曳，就像发育成熟的少女，在你眼前若隐若现，令你驻足细探。

如果在十月的季节，你到江西抚州的南丰一带，就会为成片成片的橘林而震撼。你放眼望去，几百里的橘林，满山满岗，就像金红色的海洋在荡着波涛。走进橘林，那满树的橘子就像朵朵红花，在绿叶的衬托下闪着金光，往往会令你不由自主地伸手摘取。无籽、香甜、果汁丰富的南丰蜜橘，会让你回味无穷。

金秋十月，江西人最开心的季节，江西人最忙碌的季节。

农民在这个季节忙秋收。稻谷到了收获的季节，金灿灿的晚稻谷子，捧在手心可以闻到阵阵馨香；柚子、橘子到了收获的季节，甜蜜的果实让人垂涎欲滴；甘蔗到了收获的季节，农民辛勤的汗水转变成了甜汁。

新人多在这个季节举办婚事。过了国庆节，几乎十月的每个逢双的日子，都会看到成队的婚车在城市的主要街道游弋。农村的婚车更是热闹，每个车上都会树一面红旗，迎新娘更是一个热闹无比的喜庆过程。

金秋十月，赣鄱大地都沉浸在忙碌、欢乐、热闹的气氛中。那金色的稻浪，那四处飘荡的桂花馨香，那漫山遍野的野菊花，那火焰般的枫叶，那沉静如镜的碧蓝江湖，共同绘就一幅色彩丰富的江西金秋图。

秋 感

（一）

无情秋风吹荷塘，
空有枯枝盼春长；
来年春雨绿翠柳，
可有黄鹂诉衷肠？

（二）

步入冰轮摘金桂，
超然脱俗吴刚醉；
中年难得心不累，
秋风也当春风吹；
贺君摘得长寿果，
喜看月圆心无愧。

（2015年中秋节创藏头诗一首，发朋友圈贺节）

妻之念

（1991年秋，在江西新干县挂职锻炼。时秋，陡然降温，妻来电问寒暖，颇感慨。）

一夜秋风吹海棠，
娇妻独倚窗；
夫君被暖否，
异乡可知冷与凉？

冬

江西的冬天较北京要晚来 2～3 个月，但其寒冷的威力一点都不比北京弱，而其冬天特有的魅力，又是北京难以比拟、广东难以品味的。

秋风刚刚把一些落叶树种的叶儿刮净，霜降的时节就来临了。在降霜的早晨，你会发现大地泛着洁白的霜花，加上那淡淡的雾，使得田野呈现出一种特殊的朦胧美。江西有很多常绿树种，诸如桂花树、樟树、柚子树、株树等，这使得江西的山四季常绿。而散落其间的一些落叶树木的枝条，和这些常绿的树种相互衬托，显出一种刚柔相济的美。与北京之类的北方城市比较起来，江西的山水在冬天别有一种特殊的美感。

随着隆冬的临近，老天爷会在江西大地上表演冬天的所有技法：那面粉铺满大地一般的霜，那粒粒珍珠般的冻雨，那让人浮想联翩的雪花，那挂满树枝、垂挂在屋檐的冰凌……江西可以给冬天的气象做出完整的、清晰的注解。一些来自广东的同事到江西过个冬，就会明白什么叫真正的冬天。

江西冬天的寒冷难挨的程度远远超过北方。江西冬天的气温很少在零下五度以下的，就是零度的气温一年也就十来天。但那种湿冷、侵入骨头的湿冷，不仅广东人受不住，就是东北人来也是难以适应。更加令人难受的是江西的冷是无处躲藏的。北方城市的室内都供应着暖气，农村都烧着火炉和热炕。而江西人只有裹上厚厚的棉衣，围着一盆火炉，盖上厚厚的棉被，才能抵御寒冬。虽然现在有了空调、电热毯、电取暖器，但也难以真正解决问题。

但是，江西人的冬天是很快乐的。在这个季节，无论城乡，几个知心朋友炉旁一聚，打一壶暖酒，上一盆又辣又咸的红烧狗肉，那冬天的寒冷就飞到九霄云外了。

冬夜思

（一）

冬寒星月暗，
创业多曲难；
不击中流水，
何来凯旋欢。

（二）

忽忆春晚家人聚，
夜思父母终生勤。
刚别数日似三秋，
苍天哪知父子情。

（三）

心随冬风伴雪飞，
随之漂泊志不毁；
笃信春风将回首，
柳绿时节揽春晖。

与妈妈永别

——母亲徐玉梭告别仪式上的悼词

妈妈，我们亲爱的妈妈：

您就这样离我们而去了？

我们失去了您，我们再也看不到您，世上最最亲爱的人——我们的妈妈。

我们失去了唯一可以终身撒娇的地方，我们失去了维系终身的温情爱网。

我们再也看不到您那慈祥美丽的脸庞，再也看不到您那温情美丽的目光。

妈妈，您在父亲的眼里，是一块完美无瑕的美玉。您的一生都在用温情悉心关照着父亲，让他得到了世界上最为珍贵的爱。您俩六十年谱写的爱情故事，在我们心里是永不泯灭的神话，是我们对待爱情、对待家庭的最好教材。

妈妈，您在我们子女眼里，是一枚光芒四射的金梭。在这漫漫时空里，您的爱如千根万根金丝，织出我们五个子女的生命和生活；您用博爱的胸怀，让每个媳妇、女婿得到另一种母爱；你帮助照料孙子、外孙、外孙女，让他们知道什么样的人是世界上最好的奶奶、最好的外婆；我们的每一个朋友，都在您的身上品味到了慈母般的爱。

妈妈，您这枚金梭终身没有停歇，为我们织出了美满幸福生活的锦缎。

我们永远铭记您——敬爱的母亲；

我们永远怀念您——敬爱的妈妈；

妈妈，您一路走好，我们会永远记住您的情。

妈妈，您一路走好，我们会传承您对父亲的爱，照顾好父亲。

我们会将您的爱传递，去感谢、回报曾经关心、帮助过您和全家的那些亲戚、朋友、邻居。

妈妈，您一路走好，一路走好！

金色的秋天

秋天，又是一个金色的秋天，
79 工经班的兄弟姐妹在此欢乐团圆。

秋天，又是一个金色的秋天，
我们相聚母校，诉说分别的思念。

三十年前的秋天，
我们满载同窗四年的友谊，
分飞在东西南北的云烟，
开始爱情的寻找、家庭的构建，
开始市场的拼杀和职场的历练。

三十年前的秋天，
我们在机关、大学、企业，
展现一张张生动、期待、憧憬、青涩的脸。
我们行囊空空，
不知道会收获这么多的快乐与艰险。

三十个金色的秋天，
多少次重温那穿套鞋拔河夺冠的激情，
多少次复播你在校运动会上的矫健，
多少次戏说你吃着包菜谈艺术的澎湃，
多少次回味你端着饭碗在大寝室给女生取外号时的鬼脸，
多少次重唱《外婆的澎湖湾》、《我们的生活比蜜甜》。

三十个金色的秋天，
见证着我们的坎坷、成就和收获，
记录着我们不同的苦与艰，
刻记着同学情意的思念，
上映着同学互助的新篇，
续划着我们友谊的长线。

三十年后的秋天，我们重新团圆。
看到你满鬓的白发，
才知道大多已经到了人生的秋天。
听孩童叫一声爷爷，
才想起班上有当爷爷的黄新建。

三十年后的秋天，我们再次团圆。
同窗四载终身友，
分飞千渡仍同舟。
这才是79工经班的誓言。

三十年后的秋天，我们携手团圆。
健康、平安、快乐成为我们最好的赠言，
享受收获、感恩母校、制造快乐、忘却坎坷是我们的生活观点。

金色的秋天，收获的季节，
金色的秋天，美好的祝愿；
金色的秋天，让我们再把手儿牵，
金色的秋天，让我们把昨天再现。

（此为2013年秋天，我为江西财经大学79级工业经济管理班毕业30周年同学联欢会写的主持词。）

产品的外观设计与产品的销路

工经系　李步超

怎样打开产品的销路，这是企业经营者关注的问题。提高产品质量，增强竞争能力，是打开产品销路的根本途径。这一点已为大家所重视。然而，大多数人只限于抓产品的寿命、可靠性、操作性能等质量方面的问题，而忽视了产品的造型、色彩、包装、装潢、图案等起着美化和保护作用的外观设计，使不少性能优良的产品缺乏美丽的外貌，起不到锦上添花、相得益彰的作用，以致在国内外市场上成为低档品或滞销品。为什么不良的产品外观设计会影响到产品的销路呢？让我们来研究一下这个问题。

一、产品外观设计与产品销路的关系

消费者购买商品是受到许多因素影响的，一般说来有以下两点：

1. 商品实用价值的影响

马克思说："商品首先是一个外界的对象，一个靠自己的属性来满足人们某种需要的物。"（《资本论》第一卷第47页）人们购买商品，也就是为了获得商品所提供的某种服务（精神的或物质的）。不能提供较好的服务，不能满足人们生活需要的商品，谁也不会购买。同样，在同类商品中，人们是以商品的实用价值为尺度来衡量商品的购买价值的。因此，产品的实用价值是影响消费者购买的主要因素。

2. 商品外观设计的影响

人们的行动往往和他的性格、爱好、态度、动机有着直接的关系。同样，人们的购买行动也受到性格、爱好诸因素的影响。

当人们为了某种需要到市场选购商品时，他不只限于考虑商品的实用价值，他还会根据自己的性格和爱好，对产品的造型、色彩、包装、装潢、图案等外观设计做出选择。哪种商品的外观设计投合他的性格和爱好，哪种商品的外观设计能代表他的感情和动机，他就会选购哪种商品。例如，年轻的母亲一般都喜欢印有胖娃娃图案的商品；体育爱好者喜欢购买印有运动员图案的商品；等等。

人们的购买行动还有这样一种情况：他事先并没有购买的欲望，由于广告宣传和自我观察，被某种产品吸引，从而刺激了他的购买欲望，促使他进行购买。在这一过程中，产品的外观就起着极为重要的作用。因为产品给消费者的第一个印象是产品的外观。正是产品新颖的造型、精美的包装以及投合消费者喜好的色彩、图案等吸引了消费者，刺激了他们的购买欲。

另外，人们由于社会地位、生理特点、文化修养、职业和年龄的不同，在选择商品时，往往也会有不同的要求。有的喜欢古色古香、有的喜欢雍容华贵、有的喜欢清淡典雅等，这是消费者心理特点的"自我表现"。消费者这种心理，对产品的外观设计提出了不同的要求。当产品外观设计不能满足这些要求时，就会影响产品的销路。

销售实践表明，由于产品外观欠佳而影响产品销路的教训是不少的。例如，天津纺织品出口分公司经营的人造毛毯质量很好，但因用纸箱包装，外观不美，缺乏吸引力而滞销。相反，国外毛毯用的是提把透明胶带包装，富有美感和吸引力，因而占领了市场。后来，天津分公司采用国际流行款式，改用鲜艳的印花孔雀图案包装盒，采用透明大开窗软包装，华丽雍容，吸引了顾客，不久就打开了销路。

二、搞好产品外观设计的原则

怎样才能搞好产品的外观设计呢？笔者认为要从以下几个方面下功夫：

1. 实用性

前面讲过，消费者购买商品，首先是基于商品的实用价值。产品的外观是产品从属性的保护形式和装饰形式。它应该使产品的实用价值更易于发挥，甚至追加产品的实用价值，而不能因外观而损害产品的实用价值。产品的外观既要起着装饰、美化产品的作用，又要起到保护产品、方便消费者的作用。如产品外观的重要方面——包装，就应给消费者以"方便感"，要易开易封、装量适当、便于携带。我们以前出口人参的包装是 20 公斤一箱，由于一般人不需要买这么多，再加上携带不方便，销路一度不好。后来改用 1 公斤的小型包装，其数量适合多数人的需要，携带也方便，于是成功打开了人参出口销路。

2. 经济性

产品的外观设计应该符合经济惠实、价廉物美的原则。产品外观设计的成本与产品实体的成本要相适应。那种不惜工本去装饰产品外观的做法，必然导致产品价格过高，加重消费者经济负担，影响产品的销路。这一原则，对于在国内市场销售的产品尤为重要。目前，我国人民经济收入不高，一般不会为追求某种产品的外观而花高价去购买。只有价廉物美、经济实惠的产品才有强大的生命力。

3. 思想性

美是具有一定思想性的。不同国度、不同阶层、不同思想的人，有着不同的审美观。我们是社会主义国家，我们的审美观和生产的目的与资本主义国家不同。因此，我们决不能单纯为了推销产品，将一些思想内容不健康，甚至是庸俗的东西搬到产品外观设计上来。我们的产品无论造型、包装还是图案，都要讲究思想性，做到内容健康、格调高尚，并具有民族特色，使我们的产品在国内外市场上都能受到消费者的欢迎。

4. 艺术性

产品的外观要能起到吸引顾客、刺激消费者购买欲的作用，必须在产品的造型、色彩、包装、装潢、图案等各方面下功夫，使产品的外观给人以艺术的美感。为此，首先就要使产品的造型既有艺术的美感，又有高尚的格调，引起消费者的喜爱。其次，要做好产品色彩的设计工作。一个产品给人印象最深的是色彩，最能吸引人的也是色彩。我们要根据不同的产品、不同的市场、不同消费者对色彩的不同要求，设计出相应的色彩，以满足消费者对色彩的偏好。再次，要给产品设计出精美的装潢图案，使产品绚丽多彩，引人喜爱。这对于纺织品、日用品更有作用。最后，要做好产品的包装设计工作。包装是产品外观的重要内容，包装设计的优劣往往是产品销路好坏的关键。我们应本着"科学、牢固、美观、适销"的原则，力求包装具有新鲜感（大胆采用新材料、新款式）、美观感（图案新颖、色彩美观）、方便感（易开易拆、便于携带）、高贵感（典雅大方、形式华丽）。

5. 可靠性

我们改善产品的外观，是要改变以前那种"烂稻草包珍珠"的现象，为打开产品销路创造条件。但是，我们一定要防止"金玉其外，败絮其中"的做法。我们要保证产品的外观形象与产品的实在内容相统一，不搞欺骗性的外观设计。只有这样，才能使消费者对我们的产品产生信任感，保持产品的畅销。

（60 岁的我，今天来看这篇 25 岁时写的处女作，颇有感慨。本文发表于《江西财经学院学报》1982 年第 3 期，被人大复印资料《工业企业管理》全文复印。作为大三学生的习作，在那个年代其学术思想还是比较领先的。自己应当给当年的自己点个赞。）

学会"反弹琵琶" 加快工业发展

在社会主义市场经济条件下，如何谋求区域工业的快速发展，是江西省各级干部面临的新问题。吴官正同志对江西省各级干部提出了要学会"反弹琵琶"，从后道工序抓起，从最终产品抓起，从有选择地利用先进的科技成果抓起，从市场抓起，加快江西省工业发展的要求。"反弹琵琶"是市场经济条件下工业发展的一种思维方式，我们应以这一思维方式为指导，树立科学的工业发展观，开拓江西省工业发展的路子。

一、从市场抓起，以市场作为工业决策的主要依据

众所周知，在市场经济条件下，工业企业的命运维系于市场，市场前景明暗是我们工业决策应当首先明确的要点。具体到江西省工业发展的实际工作，我们应当树立以下几个观念，遵循以下几种思路去抓工业：

1. 工业发展应以市场为起点，而不能以资源为起点。我们要敢于找米下锅，敢于上有市场而本地无资源的项目

江西省是资源大省，天然禀赋的自然资源和农业大省可供的农业资源，是江西省发展工业的优势条件。但条件要转变为现实，并非我们一厢情愿。在市场经济条件下，资源优势不等于工业优势，更不等于经济优势。这种转化必须历经资源优势—产品优势—商品优势若干个环节。而由产品优势向商品优势的转化，则是马克思所形容的"惊险的跳跃"。工业生产设施建设的长期性、设备的专用性，又使得工业对市场的适应欠灵活、不及时，且适应市场所花费的成本比其他产业高。因而，发展工业不能先看资源，再组织生产力量，最后再来抓销售。我们有些同志根据本地资源来抓工业的思路，和市场经济的要求是不相一致的。市

场经济排斥那种"资源—组织生产力量—市场销售"的发展思路,同时又为"反弹琵琶",即从最后一道工序抓起,采取"市场销售—组织生产力—寻找资源"的思路创造了条件。

在市场经济条件下,工业资源已摆脱了计划经济条件下的行政调拨和区域封锁的禁锢,没有资源的地区,可以采购资源用于本地工业发展。例如,顺德并无发展家电所需的金属材料、电子元器件、塑料等原料资源优势,但发展起了全国一流的家电工业;佛山、高安并无高岭土等陶瓷工业的资源优势,但建筑陶瓷这一支柱却撑起了本地经济的半边天;我国东部地区的磷矿石采掘量不到全国的1%,然而其磷肥产量却占全国的26.7%;我国畜牧业的重心在西部,然而西部地区乡村皮革制品产量仅占全国的5.5%,没有资源的东部地区却占61%。这说明,无资源优势地区的工业发展并不局限于资源的有无,只要抓住市场,引入技术,没有资源同样可以谋求工业的大发展。

理论和实践都表明,在市场经济条件下,资源的配置是由市场决定的,或者说,决定企业成败的关键是市场而不是资源。因此,我们抓工业就必须突破那种围绕资源做工业文章的思维定式,敢于找米下锅,敢于上有市场而本地无资源的工业项目。

2. 抓工业不仅要跟上市场,更要领先市场,我们要敢于上市场未启动或刚启动,但市场前景看好的项目

市场学认为,产品在市场上存在着寿命周期,即一个产品从投放市场到被市场淘汰存在着投入期、成长期、成熟期、衰退期四个阶段。产品在市场上的销售量、利润与时间存在这样一个关系:投入期销售量少、利润小;成长期销售开始逐渐上升,利润也开始上升;成熟期销售量急剧上升,生产企业利润丰厚;衰退期销售量开始下降,企业利润也开始减退。产品寿命周期理论对我们组织工业发展很有指导意义:

(1)它要求我们必须紧跟市场。当某种新产品投放市场时,由于消费者不熟悉,销售量不大,这就要求我们对该产品的市场前景做出准确的、及时的判断,并迅速组织生产。在成长期,该产品的利好前景已初露端倪,我们应和先进入市场的企业一道争市场、创品牌。到成熟期,该产品利好的"本性"已暴露无遗,此时,跟进者众多,市场竞争白热化,这是最能吸引投资者进入,而又最不宜进入的时期。不难看出,进入某行业、某产品市场,投入期是最佳时期,成长期次之。错过了投入期、成长期,就等于失去了一次机遇。例如,顺德是在1985年发展家电生产的,当时我国的冰箱市场处于成长期,空调正处于投入期。顺德抓住机遇,上了冰箱、空调项目。1993年冰箱生产能力饱和了,销售量开

始下降，1994 年空调市场亦趋饱和。无疑，此时进入市场是不适宜的。更值得我们关注的是，随着市场的发育、技术的发展，产品寿命周期越来越短，一种产品从投入期到成熟期只有几年时间。例如，磁卡生产在我国仅三年左右的时间就被 IC 智能卡取代了；而 IC 智能卡项目两年就趋于饱和，已被电子工业部列入控制项目。

（2）它要求我们必须领先市场。产品寿命周期理论为我们描述的不仅是某类产品在市场上的运动轨迹，而且也是某一企业产品在市场上的寿命规律。它表明，谁先投入市场，谁就先进入利润丰厚的成熟期。因此，我们在组织区域工业发展时，一定要注意保持区域内企业产品在市场上的领先性。而要领先市场又要求我们必须依靠科技的力量，推动产品开发工作，做到"人无我有、人有我优、人优我廉、人廉我走"。江西省一些资源加工型的工业就应遵循此思路发展。我们拥有资源优势，意味着我们具备有利的发展条件，但我们的多数资源并非新发现的、独有的、稀有的资源。因而，江西省资源加工型工业的产品往往是传统产品。产品市场需求是动态的，我们的资源加工型工业若只是在传统产品上做量的扩张，取得的只是简单的、低层次的量的增加，那么在市场竞争中就无优势，我们的资源优势就不可能转化为产品优势、工业优势。相反，我们若能就资源加工型产品进行深度加工，让这些产品增加新的功能、新的用途，上新的档次，就能因在市场领先而形成优势。如"宁红茶"就是成功的例子，茶叶是江西省一大资源优势，但全国很多省都有茶叶，烘炒的茶叶也是一种传统产品。江西省的"宁红茶"在其功能上增加了减肥功能，在市场上就增强了竞争力，就有了领先地位。

3. 抓工业不仅要抓住现实市场，更要善于发现和利用潜在市场

保持工业产品在市场上的领先性，是以市场机遇的预知为前提的。市场学的观点认为，市场需求包括现实需求和潜在需求，现实需求大家都看得到，但非每个人都认定得准、迎合得巧。因此，能抓住现实需求的领导是高明的领导。而潜在需求具有间接性和不确定性，因而带有较强的风险性。但潜在市场不为大家所知，根据潜在市场所开发的产品，往往弥补了市场的空白，企业能获取高额回报。因此，能发现和利用潜在市场需求的领导也是高明的领导。江西省草珊瑚系列产品的开发，正是抓住了市场的潜在需求。

二、从科技抓起，提高工业产品的档次

如前所述，在市场经济条件下，产品寿命周期越来越短，产品更新换代的频

率越来越快。这就要求我们的产品必须根据市场的要求，不断地升级换代，否则就会被市场所淘汰。

从江西省工业产品的状况看，产品层次低是一个致命弱点。它直接表现为初级产品多、低档次产品多、原料型产品多。这"三多"的结果是"一小"：市场份额小。可以说，不解决产品层次低的问题，江西省工业就难以强大起来。

江西省工业产品要顺应市场变化而升级换代，就必须提高江西省工业产品的技术含量。然而，一个省，特别是一些县市的工业技术人才是有限的。我们是从现有技术能力出发"量力而行"，只上一些低层次项目呢？还是"借力而行"，只要产品有市场，没有技术引进技术也要上呢？

我们运用"反弹琵琶"的工业发展思维，就可以得到这样几种思路：

1. 发展工业不能局限于本地技术状况，在低技术层次上徘徊，重复落后，制造新的落后，我们应敢于上有市场无技术、回报值高的高新产业项目

在市场经济条件下，人才是可以流动的，技术是可以转让的，这为经济相对落后的区域创造了一个有利条件，即引进工业发达国家、地区的技术，促进本地工业的发展。有人将这一有利条件称作"后发优势"。我们发展工业就应当用好这一"后发优势"。从一些地区工业发展的实践看，这的确是一条可行的发展路子。例如，顺德的空调、冰箱生产技术、装备是从国外买来的；佛山、高安的陶瓷生产技术多是从外地引进的。据悉，佛山某公司60%的技术人员是从江西省引去的。这些成功的经验向我们揭示了这样一种发展路子：发展区域工业，可以应用"反弹琵琶"的思维方式，先看准市场，再引进技术，然后再在新技术运用过程中消化技术，培训和充实自己的技术人才。

江西省工业既有量不足的缺陷，也有质不高的弱点。我们要发展工业，就必须有量的扩张，扩大江西省工业规模总量。但这种扩张不应是徘徊于低技术水平的低层次扩张，否则就会陷入规模越大、竞争力越弱、包袱也越大的困境。江西省工业发展应将量的扩张和质的优化结合起来。今后，江西省工业新上项目，应主要是技术水平高、产品档次高的项目。吴官正同志说过，"无论上新项目，搞技改，都应坚持高起点"，"决不要步他人后尘，重复和制造落后"。近年来，江西省不少县市已明确了这一思路。如宜春市与外商合资兴办的刹车软管项目，具有国际一流技术水平；高安的IC智能卡项目有相当的技术含量，在全国具有领先意义。

2. 现代资源加工型工业不是简单的资源密集型行业，而是技术资源密集型行业，我们应当用新技术来改造资源加工型工业，提高江西省传统产品的技术含量

毋庸置疑，江西省作为资源大省，在目前的市场情况下，将资源加工型工业作为一大支柱产业来抓是十分正确的。无论是农副产品加工业，还是有色金属加工业、稀有金属加工业，都应成为江西省今后着力发展的重点。特别是农副产品加工业，目前正逢非常好的市场机遇。

国外市场结构演变的规律、对我国城镇居民消费趋势的分析，不约而同地显示出这样一个结论：人民生活由温饱水平向小康水平过渡的时期，正是农副产品及其加工品消费最活跃的时期。沿海地区 1985～1990 年以农副产品为原料的加工业以 40% 左右的年增长速度增长，而 1991～1993 年则几乎处于停滞的状态，年均增速仅约 2%，大量企业开始出现向内陆省份转移的趋势。

种种情况表明，被人称为"永不衰落"的"朝阳工业"的农副产品加工业，目前正处在三阳开泰时期。江西省作为一个农业大省，可提供丰富的农副产品资源，将农副产品加工业作为一大产业发展确有市场前景。但我们必须看到，我们所说的"人们生活由温饱水平向小康水平过渡的时期，正是农副产品及其加工品消费最活跃的时期"包含了两方面的内容：一是由于该时期正是人们对农副产品的消费由初级产品消费向精深加工品消费的过渡时期，人们对农副产品加工品的消费量在增加；二是该时期是人们消费质量发生重大转折的时期，人们对农副产品及其加工品的消费，开始由量的满足为主转向质的追求为主。前者为江西省发展农副产品加工提供了广阔的市场空间；后者则向江西省农副产品加工业提出了产品高档化、品种多样化、功能组合化等一系列质的要求。

农副产品加工业的这一市场特点，要求江西省农副产品加工必须改变目前产品低档化、品种和功能单一化的低层次局面。那种将农副产品加工业简单地视为"资源密集型行业"，认为只要有资源注入，就能求得农副产品加工业发展的观念，是和市场相悖的。我们只有将其视为"资源技术密集型行业"，采用先进技术来改造农副产品加工业，提高农副产品加工业的技术含量，使产品上档次，才能顺应市场的需要。据此要求，江西省应对饮料工业、食品工业、服装工业、中成药业、家具工业、饲料工业、羽绒工业等农副产品加工业进行技术改造，培植出若干个明星企业集团和系列名牌产品。江西省开发的绿色药物茶色素胶囊就是一个高技术含量的产品。最近，该项目已被列入国家科委"九五"科技攻关计划——新药研究及产业化的"1035 工程"。据悉，"1035 工程"是国家医药创新重大专项活动，目标为 20 世纪末开发 10 个销售额在 50 亿元的国产新药。江西省的"茶色素"项目在全国 174 个申报项目中夺魁，成为首批 4 个入选项目。这种以江西省丰富的茶叶为资源的高新技术项目，有希望成为江西省的一个大产业。类似这样的产品项目，才是江西省农副产品加工业发展的方向。

3. 江西省现有工业的落后主要不是产业的落后、行业的落后，而是技术的落后、最终产品的落后，江西省应从科技抓起，从最终产品抓起，提高现有企业的技术水平和产品档次，发挥现有企业在工业发展中的作用

历经 40 余年的发展历程，江西省工业已形成了一定的规模。这是前人为我们奠定的发展基础，是我们进一步发展的重要条件。由于技术水平低、产品档次不高，不少曾在江西省工业发展进程中发挥过重要作用的企业，在目前市场竞争中面临着种种困难。但我们必须看到，江西省现有工业落后的主要原因，并非是产业的落后，而是技术的落后、产品的落后。和江西省同行的外省企业，有和我们面临着同样困难的，但也有红火的。我们能生产的同类产品不是没有市场，而是我们的产品落后，在市场上竞争不过外省企业。例如，电风扇是个老产品，但不少地方以新技术、新材料开发出了鸿运扇、壁挂扇、排气扇等一系列具有新功能、新用途的新产品，将电风扇这支市场上的"老歌"唱出了新意。这说明，用新技术改造老企业，能做出工业发展的大文章；用新技术改造老企业，也能结出工业发展的新成果。更何况江西省经济不能也无财力支持以外延扩张为主的增长方式。因而，利用现有工业基础是江西省工业发展的重要途径。

诚然，我们所说的利用现有工业基础，也必须用"反弹琵琶"的思维来开拓思路。即对老企业的利用必须从市场抓起，从科技抓起。从市场来看，我国近年来正处在新一代产品取代老一代产品的更替期。现在几乎所有的行业、所有的产品都在更新换代。这种市场环境给我们带来的既有挑战，又有机遇。说挑战，是我们已有的多数产品难以适应市场，面临淘汰出局的危险；说机遇，是我们在老一代产品的生产上优势并不明显或处在劣势，现在市场将大家重置在产品更新换代这一新起跑线上，无疑给了我们在市场新一轮竞争中争取领先地位的机遇。如何把握这次机遇是江西省工业能否长足发展的关键。

我们不妨先对家电工业的发展做一研究。近年来，我国家电市场出现了这样两个新动向：一是像彩电、冰箱、电风扇这类老产品正处在二次购买热之初，各地生产厂家都在以高档次产品争夺二次购买的市场；二是电暖器、微波炉、洗碗机、消毒柜等小家电产品正处在市场开拓阶段，各地正在着力开发这一市场。江西省的华意率先在全国开发出无氟冰箱，并形成了年产 100 万台的能力；赣新推出了 29 英寸大屏幕彩电；江西省不少企业也推出了消毒柜、电子取暖器等产品，

但目前未形成全国一流的气势。而四川长虹已在彩电第二轮竞争起跑时居领先位置，广东也杀出 TCL、康佳两匹黑马。江西省能否在冰箱、空调上杀出几匹黑马，将江西省家电工业的排位在第二轮竞争中移至前列，就需要我们增加技术投入，否则就又失去了机遇。因此，用新技术改造江西省家电行业刻不容缓。

再说汽车工业。汽车工业是一个产业连锁效应强，足以带动区域经济发展的大产业。江西省已形成江铃、富奇、上饶、昌河等汽车工业基础，且已形成江铃这一大规模企业。但江西省汽车工业发展的潜力仍很大，特别是同属汽车工业的摩托车工业，江西省起步较早，洪都、鸿雁都属于国内起步早、规模较大的摩托车厂家。近年来，这两个厂面临国内同行业上规模、上档次的竞争，经营面临困境。不过，现在我们同样是有机遇的。机械工业部计划到 2000 年新增 400 万的生产规模，足见市场仍在。现在的关键是江西省必须投入资金，对其进行技术改造，在新车型上做文章。

三、从"后道工序"抓起，调整工业发展方式

"反弹琵琶"作为一种工业发展的思维方式，不仅有助于我们拓展工业发展的路子，而且是制定江西省工业发展方式和具体措施的指导方针。

1. 工业发展不能局限于"滚雪球"式的发展，而应敢于上规模，江西省应从市场竞争需要出发，实施大公司、大集团战略

"滚雪球"作为一种资本原始积累阶段的企业发展模式，曾为国内外多数企业所采用。即使是在社会化大生产的今天，其也堪称小型企业发展的经典。江西省不少企业都是不断积累、不断扩大而成为知名大企业的，果喜集团、红星集团莫不如此。因此，"滚雪球"仍是江西省工业发展的有效方式之一。

然而，我们必须看到，在市场竞争中大规模企业具有生产经营的规模效应：

（1）从生产来说，规模大、产量高意味着单位成品中的固定成本低。大规模的企业拥有产品成本低、效益好的优势。

（2）从经营来说，由于大企业经济实力雄厚，具有展开广告攻势、价格攻势等市场进攻手段的能力；而且大企业产量规模大，市场覆盖面广，容易塑造名牌形象；多元化经营的大公司由于经营面广、经济实力强，可以抗御市场风浪，这也是常说的船大能抗风浪的道理。

（3）从实践来看，外省一些地方工业在产品开发、技术实力等方面并不比江

西省强，但因其较早地组办了一些大公司、大集团，而在市场上领先于江西省。江西省是全国开发、生产果蔬饮料较早的省份之一，也有不少好产品，但没有知名度大的企业。究其原因是江西省没有像健力宝那样的大企业。健力宝规模大，单位产品成本低，具有在全国实施广告轰炸的实力。江西省一些饮料厂总资产还不及健力宝向亚运会的赞助款，哪有钱去做广告宣传？我们若再放眼家电、化妆品、汽车、摩托车、医药等各行业，哪个市场不是由几个大集团、大公司占尽风流？被称为彩电行业"四大王"的四川长虹、深圳康佳、南方熊猫、上海广电的大型彩电规模都在 100 万台以上。据悉，长虹 1997 年的产销量可达 400 万台，康佳可达 250 万台，而 1996 年全国预计销售量为 1500 万台，仅这两家就占近 1/2。

理论和实践都印证了走规模经营之路是市场经济条件下发展工业的有效对策。而企业规模小，正是江西省工业的一大薄弱环节。据统计，全省独立核算企业的平均规模仅为全国的 1/2；江西省包括中央企业在内，进入全国 500 强的企业只有 8 家；按 92 项综合指标测算出的工业竞争力 100 强企业，江西省没有一家。对江西省来说，实施大公司、大集团对策，按照现代企业制度的要求，着力培植、组建技术、人才、资本集约的大公司、大集团已迫在眉睫。我们应在支持一些小企业采取"滚雪球"对策、逐步发展的同时，采取"反弹琵琶"的思维，走与"滚雪球"相逆的大规模经营的发展路子，围绕名牌产品或知名度大的产品，通过联合、改组、兼并、收购等方式，组建大公司、大集团，一些市场前景好、技术含量高的新上项目，不仅要技术上水平，产品上档次，而且应产量上规模。大公司、大集团应成为江西省工业的主要增长点。

2. 抓工业不能从生产抓起，而应从最终产品抓起，我们应花大力气在全省实施名牌战略

市场经济是竞争经济，而市场竞争直接表现为产品竞争。江西省工业要发展，就必须有一批具有竞争力的产品，在市场竞争的短兵相接中能居上风。近年来，江西省出现了一批富有竞争力的产品，但从总体上来看，适应市场需求的产品还不多。1994 年末，在全国统计的 60 种主要工业产品中，江西省产品在全国所占比重超过 3% 的只有木材、中成药、硫酸、灯泡、汽车五种，列入国家名牌产品目录的产品寥若晨星。

江西省工业的发展没有名牌产品带动是不行的。因此，江西省工业不能从生产抓起，不能将我们的精力集中在企业具体生产的组织上。我们应以相当的精力、财力来培植名牌产品，以大投入来实施名牌大战略。

实施名牌战略的出发点和落脚点是以名牌产品为龙头，通过集中投入资金、技术、管理等生产要素，提高和带动工业整体质量和效益。实施名牌战略应包含

三个层次：一是创立一批名牌产品，在现有优质拳头产品的基础上，精选出质量高、信誉好、市场占有率高、经济效益好的产品，予以重点培植；二是加大名牌产品的技术改造，使之尽快形成经济规模，提高市场竞争力和占有率；三是按照市场消费的变化，不断开发适销对路的新产品，培植名牌产品的"后备队伍"。我们要从市场出发，有选择地从后道工序抓起、从最终产品抓起，上一批投入少、产出高、市场潜力大、综合优势强的项目，形成一批对全省经济带动力强、市场竞争力强的拳头产品、企业集团和支柱产业，争取在发展食品、服务、稀土、精细化工等方面有所突破。

3. 抓工业不能就工业抓工业，而应着力工业发展环境的改善，江西省应切实为企业创造良好的发展环境，实施工业发展环境优化工程

工业发展需要一个良好的发展环境，我国国有企业的发展更是如此。我们各级干部在抓工业发展时，不应就工业抓工业，而应着力为企业创造良好的发展环境。

（1）提供必要的支持。资金短缺、能源紧张是制约江西省工业发展的重要因素。我们应采取增加资金投入量、清收应收款、创造良好的引资环境、发展能源生产等相应的手段，帮助企业排除这些障碍。

（2）加强企业班子建设，造就一支庞大的企业家队伍。吴官正同志在省委扩大会上指出："搞好工业，特别是国有企业，关键是要有一支高素质的企业家队伍。而企业家队伍的形成，很重要的是各级领导要善于识才、用才、容才。"我们各级领导抓工业发展，就应将造就高素质的企业家队伍作为一项重要工作来抓。我们要建立有利于企业家脱颖而出的环境，重视企业家的培养和使用，建立有助于企业家健康成长、勤奋工作的激励机制和约束机制，制定有助于企业家灵活经营、科学管理的法律法规和制度。

（3）强化市场营销知识培训，造就一支高素质的销售人员队伍。从市场抓起，从后道工序——销售抓起，就要求有一批高素质的销售员队伍。江西省应加大对企业销售人员的培训力度，使企业经营者、销售员在市场经济条件下能够灵活运用营销谋略、营销技巧。

（4）建立廉洁高效的政府运行机构，为企业提供良好的发展环境。各级政府应加快政府职能的转变，将组织工业发展的主要精力放在厘清思路、指明路子、优化投资和创造良好的工业发展环境上，其中建立廉洁高效的政府运行机构是一项重要内容。在新旧体制转变时期，没有廉洁高效的运行机构，企业就难以正常运行，区域工业也就难以快速发展。

（本文在《求实》1997年第5期正式发表。）

经济发展应追求产业连锁效应

——对两道难题一起解的几点思考

[摘要] 种种情况表明，江西省仍处在工业化进程中，实现工业化的今日乃至21世纪初的发展目标，研究江西省经济发展战略，就应正视工业化进程中的一些规律性现象。

[关键词] 经济发展；连锁效应

一、连锁发展：一石二鸟的产业政策

工业化的进程就是产业演进、劳动力转移、资金积累、城市化和市场化的过程。其中，产业演进是工业化的核心内容。在工业化进程中，工业逐渐取代农业成为国民经济的主导产业；工业由以劳动密集型产业为主，转向以资金密集型产业为主，进而再向以技术密集型产业为主演进；农业由传统农业向现代农业转移，农业经济结构由粮食型经济、种植型经济向多元结构、多元市场演进。可以这样认为：工业化的过程是工农业结构并驾齐驱、同时演进升级的过程。更值得我们关注的是，在工业化的整个过程中，工业和农业始终存在互竞性和互补性的关系。

工农间的互竞性是指在一定的资源发展条件下，农业和工业形成资源投放的竞争。一定时期内，投放到工业上的资源多了，就意味着能投放到农业上的资源少了；反之亦然。工农间的互补性是指工农两大产业在工业化进程中相互配合、相互支持。农业为工业的发展提供原料、劳动力、资金和市场，使工业逐步发育、成长，并完成其演进升级的进程；工业为农业由传统农业向现代农业演进提供生产资料、原料市场和资金反哺，为农业剩余劳力的转移创造空间。可以说，没有坚实的农业基础作支持，就不可能有工业化；没有发达工业的拉动，就不可能有农业的现代化。因而，要实现工业化，就必须弱化工农间的互竞性，强化工农间的互补性。国家经济如此，区域经济也是如此，像江西省这样的农业省区更是如此。

弱化工农间的互竞性、强化工农间的互补性的最佳方式，就是努力使一定量的发展资源投入起到既能推动工业发展，又能拉动农业发展的一石二鸟的效果。这正是西方经济学家创立连锁发展理论的立意点。美国经济学家 Albert O. Hirschman 指出，缺乏相互依存和连锁关系是低度开发经济的一个典型特征。低度开发国家和地区的发展政策必须试图争取众所周知的向后及向前连锁效果的协助。上述分析表明，连锁发展是农业大国、农业区域工业化进程中必须通过的一站，也是其实现工业化的一条捷径。

我国是一个仍处在工业化前阶段的发展中国家，江西省工业化程度低于全国平均水平。与沿海省市比较，江西省在资金、技术等发展资源方面均处于劣势。在主要发展资源不充足的情形下，如果不理会具有比较优势的农业资源，忽视农业经济的发展，漠视占人口总数 80% 以上的农村市场，试图通过工业的单兵突进来完成工业化进程是不现实的。同样，在现代经济中，仅就农业来发展农业，忽视工业发展的带动作用，放弃工业对农业的拉动，农业也不可能走向现代化。对于江西省来说，连锁发展显得更加迫切，意义更为深远。

二、孤岛效应：江西省经济发展的最大障碍

我国工业化进程的启动，是在高度集中的计划经济体制运作下以重型产业为车头推进的。对于这种战略产业选择的是非功过，理论界已有了比较一致的评说：这是特定历史条件下做出的无奈选择，其功不可没，但有违工业化一般规律，酿成了畸形的产业结构。

这种畸形的产业结构，在江西省这样一个传统农业色彩更浓厚的省份，表现得更突出、更典型，至 1985 年，江西省产业结构仍呈现工农业联度低的孤岛现象。

农业经济仍滞留在粮食经济这一典型的传统农业阶段。作为一个农业大省，菜油、棉花、烟叶、糖蔗类的农副产品仍依靠调入，农业对工业所需原料的供应能力十分薄弱；由于农业长期徘徊于低附加值的产业中，致使农村购买力下降，不能为工业产品提供广阔的市场空间。十分明显，江西省农业对工业的向前连锁推动力不强。

在工业经济结构中，和农业关联度较低的冶金、机械等重工业占据主体地

位，而与农业高度关联的化工业（特别是化肥、农药、农膜）、食品工业、纺织工业、竹木加工业却十分弱小。大幅度增长的工业并没有为农民提供买得起、适用的生产资料，也没有为农副产品走向商品市场创造更宽广的空间；资本密集产业为主的工业结构，使工业一直为投资饥饿症所困，也无力反哺农业，农业只能更长时间地在价格"剪刀差"下为工业提供原始积累；劳动密集型产业的发育不良，不能为农村剩余劳力转移开拓更大的空间，致使低产出的农业在人口这个大分母的分配下，可商品化的产品更少。无疑，高投入的工业并没有产生对农业的强拉动。

工农产业这种孤岛式的自强自息，在发展资源有限的条件下难以取得大发展。这应当是迟滞江西省发展步伐的深层次原因。鉴于这种认识，省委、省政府在 20 世纪 80 年代末提出了将江西经济大厦建立在现代农业的基础上，打一场农业发展总体战，走农业工业化路子的战略决策。可以认为，这是根治江西省产业结构病的良方，也是一项力争获取产业连锁效果协助的明智之举。

经过数年的努力，江西省在该战略指导下取得了较大的成功：农业发展总体战取得重大突破，经济作物及养殖业等大幅度增产，大宗工业原料性的农副产品由输入变为输出；食品、纺织等农副产品加工业和化肥、农药等农用工业快速增长；江西省工业间的关联度开始提高。但是，迄今为止，我们的产业孤岛并未连成绿洲，工农连锁发展的追求并未大功告成。恰恰相反，在新的体制环境下，在大量新情况面前，江西省出于种种主观的、客观的原因，使孤岛现象以新的形式更加突出地显现出来。

1992 年全国经济的快速增长，刺激了钢材、机械等工业的快速增长。江西省在短期市场利好信息的引诱下，将重化工业作为主攻工业的重点，对钢铁、机械倾斜式的投入使工业朝着与农业这一孤岛相逆的方向扩张，刚刚开始弥合的孤岛间距又扩大了，而客观情况的变化使得这次投入没有取得设想的高回报。对化肥、农药等农用工业的投入，在进一步开放的市场情况下，受到洋货的冲击而举步维艰。钢铁、机械又在国家追求软着陆、市场空间萎缩的情况下，陷于销售难之中。来自市场的压制使得能向农业孤岛靠拢的产业投入没有取得有效的连锁效果，而与农业孤岛方向相逆的产业投入却得到了实实在在的扩张。而这些实实在在的扩张，在新情况和新竞争形势下，又因产品结构的同构低质而不具竞争优势，陷入高投入、低产出、弱拉动的窘境中。

与此同时，江西省一批很有前景的对农业拉动力很强的农副产品加工业，或因投资政策的弱扶植，或因经营不善而英雄气短，而一些比江西省醒得晚的省份却大器晚成。像江西省的火腿肠在全国当属市场领先者，但如今已在市场上销声匿迹，而河南的双汇、春都、金锣年创利税数亿元，其年加工生猪 1500 万头，占江西省年生猪出栏总数的 60% 多；江西省酿酒工业有着生产和品牌优势，现忍气吞声地隐于市场幕后，而山东、安徽的一批晚辈却在市场上唱主角。农副产品加工业的畏缩不前、推进迟缓，无疑进一步拉大了工业和农业这两个孤岛的距离，使快速推进的农业结构调整失去了工业向后连锁的协助。

与工业比较，农业结构调整推进的速度更快些。但因市场需求的升级、缺乏工业的拉动及经营品种过于单一而难以销售，使得农民增产难增收，进而造成了农村市场难启动，农业难以为工业提供强购买力市场。更加令人担忧的是，不少农民由此产生抵触产业调整的心态，不少地方已出现逆向回调的现象，这无疑影响了农业走出孤岛经济的进程。

通过上述分析，我们不难看出，孤岛现象并未消除，反而出现农产品卖难，企业销售难，经营陷于困境。

江西省委书记舒惠国同志指出，无论农业问题还是工业问题，都是市场问题，其难点的症结在结构。影响江西省经济快速发展的症结也在结构，在于这种缺乏连锁效果的孤岛式产业结构。

近年来，一些中西部省份不约而同地察觉到连锁效果差这一结构性弊病，并相继提出了发展的思路。江西省委、省政府在 20 世纪 80 年代末 90 年代初提出了将江西经济大厦建立在现代农业的基础上，打一场农业开发总体战，走农业工业化路子的战略。1998 年，江西省委书记舒惠国又提出了将农业和工业发展中的矛盾连锁起来考虑，工业农业连锁发展、两道难题一起解的思路。河南则提出了"发展农业促工业，发展工业带农业"的发展思路。从实践来看，都取得了较好的连锁发展效果。

三、双向调整：工农连锁发展的主要对策

孤岛效应在市场经济的条件下，以两难的形式分别对江西省工农两大产业施以报复性制裁。在无巨额外部资金注入的情况下，作为一个农业大省，江西省欲以超常规的方式，寄希望于某一与农业不相关或弱相关的产业来推动全省工业化的进程是不现实的。我们只有依循规律，按照工农连锁发展的道路，找到同解工业难题和农业难题的公式，才能达到两道难题一起解的目的，使工农两业并驾齐驱，双双推进。

在已有一定的工业基础、农村实行联产承包责任制、建设社会主义市场经济的条件下，如何加强连锁发展，两道难题一起解呢？调整产业结构，实行双向调

整，应是主要策略之一。

1. 工业向农业、农村方向调整

产业间的连锁是由产业间诸多关联纽带构筑起来的。工业是国民经济的主体，也是工农连锁发展的主动力。因而，工业是否具备对农业的连锁，是能否取得连锁发展的关键。就工农间的关联纽带来看，要使工业具有较强的连锁效果，应在工业调整时努力实现三个靠拢，即发展资源的投入向农副产品加工业靠拢，将农副产品加工业作为战略产业来发展；企业经营向农村市场靠拢，将农村市场作为工业企业的主要目标市场；企业生产组织向农户靠拢，建设以强优企业为龙头，以中小企业为龙身，以农户为龙尾的农工综合型企业集团。

从产业性质来看，农副产品加工业是与农业关联度最强的产业，对农业的拉动力最大；从竞争强度来看，农副产品加工业是江西省最具比较优势、竞争强度最突出的产业；从市场需求来看，人民生活由温饱向小康过渡的阶段，正是农副产品加工品消费最活跃的时期。农副产品市场差异性大，为中西部地区在市场上对现有名牌产品构成新进入者威胁和替代产品威胁，并取而代之创造了便利条件。种种情况表明，将农副产品加工业作为战略行业来发展，不仅是必要的，而且是可能的。基于对连锁发展的追求，江西省应像河南、山东、安徽那样，集中发展资源，通过资金、人才、政策扶植等各种发展资源的集中投入，使之在21世纪成为江西省的支柱产业，为江西省工业结构向资本密集型和技术知识密集型为主过渡奠定基础。

农村市场是我国最大的市场，是开发度最低的市场，也是竞争性最弱的市场。农村市场大，开发程度低，为企业的经营提供了广阔的市场空间。农村市场开发度低，孕育着无限商机，我们若能调整好产品结构，开发和生产农民需要的、买得起的产品，则农村市场的商品消化力是非常可观的。农村市场竞争性弱，适合竞争力相对较弱的江西省企业。因而，江西省的企业应将主要目标市场定位于农村，并根据其特点制定相应的营销战略。

对于农副产品加工企业而言，建立农副产品基地，有助于确保充足、优质的原料供给，降低原料采购风险。对于农民来说，由于小生产和大市场的矛盾所困，其期望工业企业消化其产品的心情更迫切。这正是"公司＋农户"这一农工综合体式的组织形式应运而生的原动力。中西部地区在培育农副产品加工业的过程中，一定要培植若干个在全国有一定影响的大公司，并引导这些大公司将生产向农户延伸，在农村建立农业车间，将农业生产拉动起来。

2. 农业向工业方向发展

农业发展之路走到现在，仅靠自身的力量不可能有突破性的大进展。农业发展必须走外围突破之路，借工业之力来推动发展。正如舒惠国同志指出的，我们不能局限于农业来解决农业问题，而应该有更宽的眼界、更广的思路，在农业之外来解决农业问题。

首先，应围绕农产品加工业来办农业。菜篮子、米袋子是农业的基本市场，也是农业首先应完成的产业使命。随着人民生活水平的提高，人们对农副产品的品种和质量提出了新的要求。因而，我们必须调整农产品结构，赋予其新的内容。

在此基础上，我们应正视这样两个现象：一是随着人民生活水平的提高，在城镇居民所消费的农产品总量中，对农产品直接消费的比例在逐渐下降，而对其加工品的消费比例在大幅度上升；二是农产品加工率、商品率成为反映现代农业的重要指标。这要求我们必须围绕农产品加工业来办农业，必须扩大工业原料性农产品的产出功能。因此，中西部地区必须在提高菜篮子、米袋子质量的同时，在扩大工业原料性产品上做文章。

其次，应采取外围突破的策略，借外力求大发展。工业是先进生产力和生产方式最集中的产业，是农业可借的最强外力。农业产品应向工业靠拢，凭借工业的市场活力来提高农产品的商品率；农户应向农副产品加工企业靠拢，通过"公司＋农户"这一生产组织方式走向市场；农业应借鉴工业的生产、组织、经营方式来组织生产和经营。

3. 强化工农连锁纽带

工业农业连锁发展，两道难题一起解应当说是符合工业化一般规律，从江西省实情出发，对竞争形势做出客观评价后确定的战略思路。能否实现这一战略设想的初衷，不仅有赖于双向调整能否到位，更有赖于稳固的工农连锁纽带。因而，我们必须采取相应的对策来强化工农连锁纽带。

一是高起点地发展农副产品加工业。农副产品加工业是连锁工农两大产业的纲。纲举才能目张。江西省在20世纪80年代末90年代初，由于起点低、布局分散、扶植力度不够、广告意识弱等原因，使醒得比别人早的食品工业在发育期就萎缩下来。这是我们今日当吸取的教训。与80年代末相比较，农副产品加工业市场进入的门槛更高了，在这种情况下，我们应采取高起点战略，立足全国乃至世界市场上项目，做到市场定位高起点；应走出农副产品加工业属劳动密集型产业，不需要太高技术的认识误区，努力将先进技术引入农副产品加工业中，将项目技术含量和设备技术水平定位在全国一流水平上，实现技术的高起点，并由此带来产品的高起点；应采取集中布局、局部突破的方针，培植若干个在全国有影响的大公司，并以其为龙头形成食品工业集团，实现工业组织与企业规模的高起点。

二是用政策来强化连锁纽带。在市场经济条件下，用行政来完成双向调整已存在困难，我们应更多依靠政府的经济政策来推动和巩固双向调整。我们应吸取20世纪90年代初过早放弃对食品工业的投资扶植，使正在发育的食品工业过早断奶而萎缩的教训，下大力气给食品工业以5~8年的财政金融扶植；在税收政策上，不仅要给食品企业以一定的扶植，更应对工业企业投资农业、组建食品企业集团等双向调整的行为予以支持。

（本文在《江西社会科学》1999年第11期正式发表）

谋深计远

——企业家谋略研究之一

兵贵精，将贵谋。谋略是兵家取胜之本。

我们回顾历史上每场血与火的决斗，都可以看到，每一朵胜利的礼花中都闪耀着指挥员的谋略之光。我们的先人在《孙子兵法》、《三十六计》、《兵经百篇》等军事著作中，精辟地总结了兵家谋略的基本法则。这些著作以其奇光异彩，透过几百年甚至上千年的历史帷幕，吸引着今天的军事家。他们从中采撷先人的思想火花，丰富自己的军事谋略，以便在未来的战争中立于不败之地。

让我们跨过军事这血与火的沟壑，走进繁荣喧闹的商品市场。透过消费者的期待和满足，透过企业家的微笑和叹息，我们不难发现：市场竞争如同兵家之争，企业家和军事家一样，要运用自己的谋略，才能指挥企业去占领繁荣喧闹的市场，赢得消费者的芳心。

为了帮助企业家寻找打开市场竞争凯旋之门的钥匙——企业家谋略，笔者踏着军事家的足迹，沿着他们探出的小径，在先人的军事著作中寻寻觅觅……

远谋方有大韬略。

战场上尔虞我诈，情况复杂多变，时伪时真，时虚时实。这就要求军事家必须具备战略头脑，能置身于泰山极顶综观全局，不被一叶障目，不计一时得失。

市场竞争和战场抗争一样，风起云涌，变幻莫测。消费者爱好的变化、流行色的变迁、新款式的冲击、价格的浮动等，使企业这辆驰骋于市场的"战车"面临复杂多变的环境。企业家欲使"战车"抵达胜利的目标，应高瞻远瞩，不为一时胜败所左右；应洞察真伪，不为蝇头小利所诱惑。应深谋远虑，做出有利于大局，适情、适势、适时、适机的战略决策。那么，企业家应如何做到谋深计远？还是让我们讨教于军事家吧。

以患为利

"明智的将帅考虑问题，总是兼顾利与害两个方面。在有利的情况下想到不利的一面，事情就可以顺利进行；在不利的情况下想到有利的一面，祸患就可以解除。"（译自《孙子兵法·九变篇》）

趋利避害，是企业家制定和调整竞争策略时应把握的基本原则。然而，市场竞争中，各种矛盾环环相扣，参加竞争的各企业力量在犬牙交错的态势中相互制约，致使利害相杂、利害相连。这就要求企业家能从全局出发，综合分析"有利"与"不利"的情况，制定相应的竞争策略。

产品销路是市场竞争的"晴雨表"，企业在市场上的处境主要是通过产品销路反映出来的。为此，企业家正确分析产品的销路，制定相应的策略，就成为企业运用谋略的一个主要内容。

倘若产品销路好，市场上频频报捷，这对企业家来说自然是有利的局面。但是，企业家切不可陶醉于眼前的胜利。应当看到，这种有利之中又包含了不利的情况：由于该产品销路好，必然会吸引更多的企业来生产，本企业势必面临更为激烈的竞争。企业家若不从长计议，为眼前的胜利所迷惑，那眼前的胜利可能就是将来失败的开始。例如，1969 年，瑞士的一位工程师建议瑞士发展电子石英表代替机械手表。当时，瑞士正处于钟表业的黄金时代，世界 70% 的钟表市场为其所垄断。处在这种有利的形势下，瑞士的钟表界没有从长计议，没有全面分析手表市场的发展趋势和自己将要面临的竞争，放弃了这位工程师的建议。日本的企业家获此信息后，对市场未来需求做出了综合分析，推出了电子石英钟表这一新产品，开始向被瑞士垄断的市场发起攻势。到 1978 年，短短几年时间，打垮了瑞士 187 家企业，销售量超过瑞士。瑞士就这样失去了世界钟表的"王位"。由此可见，企业家在产品畅销时，应观市场之大势，察竞争之大局，在有利中看到不利的一面，制定以开发新产品为主的竞争策略，用新产品作为下一场竞争的锐器，以保持企业在竞争中的长期优势。

倘若企业的产品滞销，企业家又该如何呢？这就要求企业家能用其战略头脑，在不利中看到有利的一面。

前几年，由于高跟凉鞋投入市场，平跟凉鞋一时滞销。这对生产平跟凉鞋的企业来说是不利的。不少企业没有从市场全局考虑，一哄而起，纷纷转产高跟凉鞋。由于生产高跟凉鞋的厂家太多、高跟凉鞋不适应农村市场等情况，造成了转产企业的新积压和农村市场买凉鞋难的后果。一些企业家谋深计远，并没有急于转产高跟凉鞋。他们应用市场细分化原则，对各凉鞋市场进行了分析，既看到由于高跟凉鞋投入市场给企业在城市市场带来的不利情况，又看到由于多数企业转产农村不适用的高跟凉鞋，使企业在农村市场上竞争对手减少这一有利情况。他们据此情况，把重点经营目标集中于农村市场，使企业乘虚而入，轻易地取得竞争的胜利。

当然，"患"能否转化为"利"，不是主观努力就能解决，客观上也必须具备这种转化的可能性。若产品确已到了衰退期，或企业在该产品的生产上确无优势，那企业家应果断转产，切不可守株待兔，盲目等待有利时机的到来。

李代桃僵

"当战局发展必然会有所损失时，要舍得局部的损失，以换取全局的胜利。"（译自《三十六计》）

"李代桃僵"是《三十六计》中的第十一计。从军事角度来说，指的是在敌优我劣或势均力敌的情况下，指挥员应善于用小的代价换取大的胜利。

企业在市场竞争中，经常会面临竞争力量的变化。企业在市场上的竞争优势时常受到冲击，甚至会由优势转为劣势。企业家应能审时度势，善于应用"李代桃僵"之计，辩证地看待竞争的得与失。

首先，企业家应善于失小利而获大利。企业家在创业之初或推出新产品之际，企业和产品在市场上名不见经传。如何使产品挤入市场，谋一立足之地呢？

产品销路在顾客的钱包里，产品只有在消费者购买行为之下才能销售出去。而购买行为的产生，是建立在顾客对产品的认识、熟悉、喜欢的基础之上的。产品再好，不为人所知也无济于事。为此，企业家应千方百计使消费者和产品发生接触。企业家除了不惜代价，用各种广告媒介介绍产品、用新颖的产品外观来吸引消费者以外，还需做一项重要的工作，即制定一个能吸引消费者购买的价格。一种不知其质量如何的产品，昂贵的价格会令人却步。企业家必须以失小利为代价，从长远着眼，不惜代价，甚至赔本，以低廉的价格为诱饵，让消费者在"如此便宜，不妨一试"心理的驱使下购买产品。消费者购买了产品就要使用产品，他们在使用的过程中直接地了解了产品的优点，从而喜爱上本企业的产品，并在下次购买时惠顾企业的产品。这样，就使企业的产品渗透进了市场。当产品由于价廉物美、不断地扩大了市场占有率时，企业可适当地调整价格，通过薄利多销而获大利。英国的哈里斯在经营"黑魔术"巧克力时，就成功地运用了"李代桃僵"之计。他在名牌产品雄踞市场之时，采用被人视为"商业性自杀"的低价，逐步扩大了产品销路，使"黑魔术"巧克力畅销三十余年而不衰，哈里斯从中也赚了大钱。

其次，企业家应善于失小利来获取经营的主动权。企业在产品竞争中，经常会和强手相遇，有时会面临自己的市场被人蚕食的困境。在这种情况下，企业家应果断地采取降价攻势，通过降价迅速摆脱竞争的被动局面，对强手进行反攻。日本丰田汽车公司为了和外国企业竞争，经常采用降价攻势，甚至有人把丰田销售说成是一个不断降价的历史。仅在 1956～1957 年两年间，"丰田 S 牌"就降价三次。

"两利相权从其重，两害相衡趋其轻。"这是企业家在指挥市场竞争时必须遵循的一条准则。浙江万向节厂厂长鲁冠球的"小财不舍，大财难来"的经营哲学，可为企业家们所借鉴。

以迂为直

"故意迂回绕道，并用小利引诱迟滞敌人，就能做到比敌人后出动，而先到达双方必争的军事地。这就叫懂得'以迂为直'的计谋。"（译自《孙子兵法·军争篇》）

直径近，曲路远，这是生活中的普遍常识。但在战争中，谋深计远的军事家却时常故意迂回绕道来达到自己的目的。正如英国军事理论家利德尔·哈特所言，在战略上，最漫长的迂回道路常常是达到目的的最短途径。这一战略也常为精明的企业家运用于市场竞争之中。1985 年 4 月，美国可口可乐公司突然宣布：公司要改变沿用了 99 年的老配方，以推出新配方可乐作为公司百年大庆的礼物。同时，公司用大量的广告宣传新配方。这一消息立即在习惯饮用老配方可乐的客户中激起轩然大波，成千上万的顾客纷纷打电话、写信甚至成立抵制团体上街示威游行，对该公司的主张表示抗议。与此同时，人们纷纷争购老配方可乐。正当消费者的抵制情绪日益高涨时，该公司又宣布：为了尊重老顾客的意见，同时考虑消费者的新需要，公司决定恢复老配方可乐的生产，同时推出新配方可乐。这使消费者为之雀跃，纷纷争购老配方可乐以庆祝抵制活动的胜利，而且还踊跃试购能与老配方相提并论的新配方可乐，使该公司的销售量比往年同期上升 8%。

可口可乐公司在广告中并没有直接招徕顾客购买产品，而是抓住人们习惯饮用老配方可乐的心理，采用迂回策略，先激起人们对产品的更大关注和兴趣，间接地达到推销老产品、推出新产品的目的。真可谓谋深计远、别出心裁、一箭双雕。

企业家在市场竞争中经常会面临如何扩大新产品市场占有率这个问题。企业家们从自己的同行——美国企业家约翰逊的成功中，也可以体会到以迂为直策略的妙用。

约翰逊经营的是黑人化妆品。当时，大多数黑人妇女根本想不到用化妆品，甚至有人把用化妆品视为白人的特权。在这种情况下，约翰逊没有采用在市场上大声叫卖、自夸自誉、拼命招徕顾客购买的做法。而是把货送到黑人居住区，免费为黑人妇女提供化妆品，并且亲自教她们化妆的技巧。没过几天，人们发现化妆品的作用，产生了用化妆品的念头。但是，她们又感到不花钱白用有点说不过去，而且每天来这里化妆也不太方便，便花钱买几瓶回家。没过多久，便有大批商人们闻讯赶来进行交易。就这样，约翰逊逐渐打开了产品销路，成为美国最大的黑人化妆品商。

其实，约翰逊的迂回推销术也不算什么新玩意儿，企业家若留心于市场就不难找到和约翰逊同样精明的人。农贸市场上砍铁丝的卖刀人、大街小巷里免费供人使用的皮鞋油、食品厂邀请专家和消费者来品鉴产品质量的请柬，不都蕴藏着经营人迂回推销的深谋远虑吗?

从以上几例可以说明这样一个道理：企业家应善于巧妙地把经营目的和经营手段结合起来，心里要牢记自己的经营目的，而在进攻路线的选择上，则选择期待性最小（竞争对手、消费者最不注意）的路线。

谋深计远是企业家运用谋略时应掌握的一条最重要的准则。"自古不谋万世者，不足谋一时；不谋全局者，不足谋一域"（引自《窳言二迁都建藩议》），是古人对军事家的忠告，也是值得企业家借鉴的。

随机应变

——企业家谋略研究之五

情异则机变，虑远而谋深。

风起云涌、变幻莫测的战场较量，使军事家无不感叹战场的错综复杂、前事难料。可以说，无论多么有预见的军事家，都不可能把未来战争的细节描绘清楚。为此，随机应变就成为军事家必不可少的创造力。

军事家是这样，企业家何尝不是如此呢？市场上消费心理的变迁、流行色的改变、新产品的冲击、价格的波动等，都是变幻莫测、时隐时现、忽左忽右，叫人难以预料，难以捕捉。这就要求我们的企业家像军事家那样，灵活地运用各种制胜之法，置身市场随机应变。

知难而退

"在和敌人作战时，如果敌方兵力多，我方兵力少，地形又不利，力量难以和敌人抗衡，应当赶快撤退，避免与敌人决战，这就能够保全自己的军队。"（译自《百战奇略·退战》）

进攻灭敌是军事家所期望的，能成功地进击敌方，自然是军事家的成功。但若其仅能如此，那还不能算是成功的军事家。战场上往往会出现敌强我弱、敌有利而我不利的情况，这就要求军事家除了善于进攻外，还必须具备撤退的本领。能进攻、会撤退，方为军中豪杰。正如瑞士军事理论家约米尼所说，一次良好的撤退与一次伟大的胜利一样应该受到奖赏。

作为胆略超群的企业家，当企业面临困境时，应随机应变，明智地权衡得失，"打不赢就走"，在退却和转移的被动中"保全自己的军队"，创造下次进攻的战机，使企业东山再起。明智的撤退比盲目的死守要强一百倍。当然，企业家也不可一遇困难就匆匆撤退，企业家应对本企业所处的境地做出正确的估量、准确地的判断，在企业步入困境之前果断地采取知难而退之策。

企业家在竞争的征途中若遇到以下三种情况应格外提防，不得已时可采取退兵之计。

1. 城门失火

"城门失火，殃及池鱼"，企业家应从这个成语中吸取教训。产品的生产和消费都不是孤立的，而是相互关联的。某产品的畅销可能带来其他产品的销售，某产品的滞销也可能祸及其他产品。如随着12时黑白电视机需求量的下降，必然带来相应规格的电视机罩、电视柜的滞销；西装热的降温又必然会使领带、礼帽受到消费者冷落。作为企业家，特别是其产品和别的企业产品配套时，一旦看到关联产品"城门失火"，就应迅速撤退。

3. 异军突起

求新是消费者特别是青年消费者的天性，这种天性对企业家来说是有利可图的。企业家可以生产一些新颖的产品，把消费者从别的企业身边吸引到自己身边。但是，企业家应当提防别的企业以己之道还治己身，一旦他们以更加新颖的产品投入市场，消费者就会如退潮之水离你而去，使你措手不及，一下掉进濒临死亡的深谷。为此，企业家发现同类新产品已开始进入市场，消费者有见异思迁的态势时，就应采取措施，组织撤退。当然，若本企业的产品尚存一定数量的消费者，则另当别论。

3. 追兵已至

别的企业在产品质量、款式、价格等方面已经接近或超过本企业的水平，而本企业又一时无力再进一步改善时，这时企业家不必过分留恋脚下的阵地，而应在追兵尚未"下杀手"前，明智地撤出阵地去寻找新的目标。"人无我有，人有我精，人精我廉，人廉我走"经营策略中的"我走"，就是企业在追兵迫我之时的退兵之计。

"知难而退"绝不是消极的退，而是进攻中的退，是为了重新选择的退。企业家应以退为一个新的起点，为下一次的进攻创造条件。

欲擒故纵

"逼得敌人无路可走，它就会反扑。让它逃跑则可以削减敌人的气势。追击时，跟踪敌人不要过于逼迫它，以消耗它的体力，瓦解它的斗志，待敌人士气沮丧、溃不成军时再捕捉它，就可以避免流血。"（译自《三十六计》）

欲擒故纵是《三十六计》的第十六计。在此计中，擒是目的，纵是手段。从军事意义来说，纵，不是放虎归山，而是有目的地放松一步，以更好地达到擒的目的。诸葛亮七擒孟获，抓抓放放，以达到扩大疆土、降服其他少数民族的目的。这种把目的和手段有效组合的谋略实应为企业家所取。

企业家在市场上推销产品时，无论是上门推销，还是广告推销，首先就会遇到消费者"企业就是想赚我的钱"这一心理障碍。消费者的这种心理严重削弱了企业任何推销宣传的作用，使他们对推销宣传产生不关心、不信任，压抑了他们的购买欲望，阻碍着购买行为的产生。企业家要打开产品销路就要设法逾越这一障碍。企业家在逾越此障碍时，靠一味的强攻，成天向消费者介绍"本产品质量优良"，成天叫嚷"请购买我厂的产品"是难以奏效的。"逼则反兵"，一味地强攻会使人反感，甚至产生逆反心理。为了达到"擒"住消费者购买欲望，使之接受企业的产品宣传，购买企业产品的目的，企业家不妨采用一些"纵"的手段：

1. 醉翁之意不在酒

为了达到推销的目的，企业家可避开消费者敏感的"推销"二字，寓推销于其他活动之中，使消费者在无意之中接受企业的宣传，购买企业的产品。例如，蚌埠墨水厂为推销国画墨汁，举办书画展览并同时开订货会，通过评介艺术来推销产品；松下电器公司敞开大门，敬请大众参观他们的产品生产过程，让人们在参观中加深对产品的了解和印象；南昌手表厂举行手表空投表演，借以宣传产品；等等。这都是"醉翁之意不在酒"战术的范例。

2. 借花献佛

消费者对广告是不感兴趣的，对杂志、报纸上的广告总是一翻而过。那么，怎样使他们留心企业的广告呢？企业家可寻找一个消费者感兴趣的东西作为媒介，让消费者通过媒介接触企业的广告。例如，美国太平洋电话系统集团曾连续几个月在美国最重要的商业报《华尔街日报》上刊登了一份广告。该广告不是一下就"擒"住消费者，而是用大版面刊登邓小平的头像。由于邓小平两次被评为《时代》杂志的风云人物，为此深受美国人民关注。人们不知这位风云人物和该公司有何联系，不禁阅读起旁边的文字来。这段文字先介绍邓小平在中国的改革之举，介绍中国的多样化和分散化。直到最后广告者笔锋一转，谈到该公司的发展，请有兴趣的投资者与某人联系。寥寥几笔，全文戛然而止。这时，阅读者才猛悟：自己已被该公司的广告所擒了。

3. 倒行逆施

为了使一些屡劝不改的女观众在看电影时脱下帽子，电影老板一改过去的正面相劝，放映前用幻灯映出"为照顾衰老有病的女士，放映时允许她们戴帽子"，结果全场无一人戴帽子了。有哪个女人愿意承认自己衰老有病呢？这个幽默故事不正给了我们一些苦于广告词的企业家一点启示吗？正面的宣传不起作用，何不从反面来个激将法呢？"刚学会抽烟的人别抽某某牌香烟"、"本服装只适于妙龄少女"等广告词正是如此。

战胜不复

"每次战胜敌人都不是重复老一套，而是适应着敌情的发展，不断地变换自己的战术方略。"（译自《孙子兵法·虚实篇》）

战胜不复这一谋略从军事意义而言，意在因敌制变、灵活机动。对于企业家来说，就是要视市场上的不同情况，巧妙地运用各种经营策略。

斗转星移，四时更替，市场和一切客观事物一样，处在发展和变化之中。但是，企业经营的策略在某一时间是一定的，不少的策略为众企业家熟知，甚至已不知反复使用多少次了。这里的关键就是，企业家能否把握适当的时间、适当的地点，根据竞争双方的力量采取适当的策略。谁能适时、适情地变换自己的战法，谁就能出奇制胜，在竞争中胜人一筹；谁墨守成规，只会模仿别人，或重复自己多次使用的战法，谁就会处于被动。

美国国际农机公司创始人梅考科不断变化推销之法，深挖市场潜在需求的经验是值得企业家借鉴的。梅考科创业之初，尽管产品质量不错，但生意却非常萧条。这使他不得不在推销方面寻找胜人一筹的办法。经过权衡得失，梅考科决定采用"保证赔偿法"来推销产品，规定购买人在头两年使用产品中，若遇非人为事故而机器出了毛病，公司不仅免费维修，且赔偿因机器损坏所造成的损失。梅考科采用此法没几年，公司销路就大为好转。之后，梅考科根据当时美国农民经济收入低、买不起价格昂贵的农机这一情况，又推出"优质低价法"，以薄利多销再增公司产品的销量。接着，梅考科又进一步完善，采用"分期付款法"，使一些手头拮据的农庄主成为公司的顾客，从而公司的产品销路大开。还有没有更好的推销方法，使那些连分期付款都买不起农机的人也成为公司的用户呢？梅考科根据农民无现金有粮食的情况，再用新法，采取"以麦换机法"，即农民先买机器，麦收后以麦付款，这一办法使农民争先恐后前来购货，公司三年间迅速得到发展。

梅考科的"保证赔偿法"—"优质低价法"—"分期付款法"—"以麦换机法"，一时一招，招招得法，把一批又一批用户吸引到公司来。根据市场情况灵活变换战法，正是梅考科成功的秘诀所在。

当然，有时为了达到出其不意的效果，企业家也可以打破常规，专门重复用兵。这样，可以起到战胜不复亦有复，有复堪称真不复的奇效。

"水因地形的高低而制约它奔流的方向，用兵要根据敌情而决定取胜的方针。所以，用兵作战没有固定不变的方式方法，就像水没有固定的形态一样。能根据敌情的变化而取胜，就叫用兵如神。"（译自《孙子兵法·虚实篇》）企业家应努力培养、丰富自己随机应变的能力，并以此来组合自己的各种谋略，从而使企业在市场上纵横驰骋，立于不败之地。

（不知道是何缘由，1984 年的时候，我开始对兵法产生了浓厚的兴趣。我用了 2~3 年的时间，几乎将可以找到的中国古代兵法书读了个遍。结合自己对企业经营战略和战术的研究，我产生了能否用兵法来研究企业竞争的想法，并写了一篇稿子，找到《企业经济》的主编谈了自己的一些想法。他很兴奋地建议我搞个连载。就这样，形成了《企业家谋略研究》之谋深计远、未战先算、避实就虚、出奇制胜、随机应变五篇，并从 1986 年 6 月起开始连载。

现在来看，这些产生于 1986 年的成果很是肤浅，文笔也嫩。但在刚刚开展商品经济的当时，无论研究的角度，还是其中的一些经营理念，还是有点意思的，受到了企业界的好评。）

《商战间谍》（节选）

1995 年 5 月，我和夫人周玫合作编写的《商战间谍》一书由江西人民出版社出版，冯江南为责任编辑。此书出版后，在全国新华书店销售，五个月销售一空。现节选该书序言和几个章节，以感谢出版单位和工作人员。

投身商战必须学会用间、防间

间谍这充满神秘色彩的词，给人们带来的是扑朔迷离、惊险离奇且带有恐怖味的联想。人们对间谍的认识，大都是从活跃于战争硝烟之后的间谍身上得来的，那发出"永不消逝的电波"的李侠，那无所不能的"007"——邦特，那被称为"千面人"的鲁道夫·阿贝尔，那女扮男装川岛芳子，那被西方人称为"统一国家的间谍大师"丰臣秀吉……这些正义的、邪恶的、真实的、虚构的间谍形象，向我们展示的是在"看不见的战线"上生与死的厮杀，是"斗篷加匕首"、微笑加杀戮的抗争。的确，间谍是战争的产物，战争是哺育间谍的摇篮。

在你死我活的军事抗争中，间谍的成功往往会使敌方成千上万的将士走向死亡的深渊，使己方踏上胜利的坦途。每一位军事家都深谙间谍是拥有特殊杀伤力的部队。我国古代的兵法大都对用间有专门的叙述。被全世界推崇为军事理论始祖的孙武，就在《孙子兵法》中对用间做了专篇论述，他指出，间谍提供的情报是战争中决定军事行动的重要依据，用间谍侦察敌情是用兵作战的要事之一，并提出了五种用间术。历经几千年的战争风云，间谍的作用丝毫没有削弱，几多谍海枭雄风流于世，在战争舞台上演绎了一幕幕叱咤风云的间谍活剧。

随着时代主题的变迁，世界各国间更着力于经济的竞争。在日益激烈的经济竞争中，间谍在经济舞台上频繁出现，商业间谍这一间谍新族日趋活跃。他们神出鬼没，窃取别人耗费大量资金、历经几年甚至几十年艰辛努力研究出来的新技术、新产品，来壮大、发展自己所服务的企业；他们以高深莫测的眼光和特殊的敏感，探出商情发展的未来和对手的虚实，为主人的运筹决策提供依据；他们韬光养晦，卧底于对方，在关键时刻出动，出其不意地给对方以致命的打击；他们带着迷人的微笑出没于研究机构、企业、政府要害部门，游弋于各种商业场合，不放过任何信息，并用其聪慧的大脑对信息过滤、加工，转化成企业商战的锐利武器，商业间谍已成为商战中的一支特种部队。正是由于商业间谍在商战中具有特殊的战斗力，西方工业国家对之格外器重。日本一位权威人士曾经说过："日本的经济效益54%是靠情报得来的。"一位西方著名的间谍专家更明确地指出："一些国家的工业发展离不开工业间谍，可以说，没有他们就没有工业的高速度。"在西方工业发达国家，用商业间谍来协助商战已是众所周知的事实。

军事理论告诉我们，成功的防御和成功的进攻同样重要。只会进攻，不善防御的指挥官是注定要打败仗的，商战莫不如此。用间是商战进攻的重要手法，防间则是防御的重要内容。我国企业家应像夜行山路，谨防被蛇咬那样来防备对手商业间谍的进攻。要知道被那些平日里斯斯文文的商业间谍咬一口，往往会把企业推上死亡之途。

综观世界商战，商业间谍"咬死"企业的事例屡见不鲜。美国有一家生产经营抗生素的公司，曾以其新开发的抗生素在国际市场所向披靡，战无不胜，连克世界几大市场，公司一时兴旺发达。不料公司高薪聘请来的一位化学家却在很短的时间内使公司土崩瓦解，一溃千里。原来，这位化学家为图钱财，偷偷地将该公司生产最新抗生素的高度机密资料拍摄在微型胶卷上，并将微型胶卷藏在雪茄中寄给了意大利的三家制药厂。这些胶卷使公司损失了1200万美元的研究经费，已足以使公司大伤元气了。但更大的危害是意大利的三家制药厂获此生产机密后如法炮制，在市场上向美国公司进攻了。这家美国公司在"自己人"培植起来的竞争对手面前节节败退，失去了其在市场上的霸主地位，公司经营举步维艰。日本一位著名企业家指出，商业间谍这一"暗器"令人畏惧。一朝疏忽，千古遗恨。正是由于商业间谍这般厉害，因而我们在商战中当严密防备。可见，防间和用间同样都是商战的重要内容。

严峻的现实告诉我们：

商业间谍是商战制胜的秘密武器，谁用得得力，用得巧妙，谁就能在商战中处于主动。投身商战必须学会在法律允许的范围内用间。

商业间谍是商战的隐敌，谁不能有效地防范，它就会将谁置于死地。投身商战必须学会防间。

在10余年商战理论研究、数年商战观察及实践的过程中，我们常为我国企业不会在法律允许范围内使用间谍获取情报，错失商战进攻良机而惋惜；常为我国企业疏于防间，吃他国商业间谍的苦头而痛心。这种惋惜、痛心的情感每每搅得我们夜不能寐，促使我们急然命笔。经月余时间的努力，终于完成这本《商战间谍》。在本书中，我们将奉献给读者您以商业间谍为主人翁的、真实的故事或事例，向您展示：

——商业间谍这支商战中的特殊部队所具备的特殊战斗力。让您领略商业间谍促进国家繁荣、帮助企业商战成功的魔力。

——西方工业化国家那密密扎扎的商业间谍网。让您对他们的商业间谍机构有一个轮廓性的了解。

——西方工业化国家的商业间谍那千奇百怪的间谍术。您将看到商业间谍的聪慧、机敏、狡诈、凶狠面目，看到他们在商战中精彩而不光彩的种种表演。

——商战防间、反间术。向您提示防间、反间之必要，为您提供种种防间、反间的策略和方法。

——您身边的商业间谍。为您介绍初开帷幕的我国商业谍报战，揭示可能就在您身边的商业间谍的行迹。

讲述这些商业间谍故事，意在借人之剑，让您在商战中搏击成功。愿您能辨析用之正误，学会在法律允许的范围内用间，帮助您商战成功。在此，也提醒您：别去非法用间！

在向您讲述商业间谍的故事时，我们还会以评论员的身份，从理论上做一定程度的概括和阐述，意在对您的思考起抛砖引玉的作用。愿您能举一反三，悟出更广、更深的道理来。

心情急切，时间仓促，水平有限，书中定有许多不妥之处，恳请您不吝指教。

谍影重重，力促繁荣

1993 年 3 月，美国驻法国巴黎大使馆收到一封信，大使馆工作人员拆开信封一看，不禁大惊失色。原来，信封内装有一份出自法国国外安全总局经济科学技术部的秘密文件。这份共 21 页的文件是法国情报部门给特工人员的指示令，其中有法国特工对美展开间谍活动的工业目标一览表。表中将 49 家高技术公司、24 家银行和经纪行以及 4 个政府部门列为重点间谍目标。文件还详细地指示法国特工人员搜集摩托罗拉公司在欧洲推销移动电话的战略、前美国贸易代表卡拉·希尔斯的谈判策略、有关波音公司与空中客车公司争执的资料，以及花旗银行、大通曼哈顿银行和华尔街投资公司戈德曼·萨克斯公司等的工作计划。这一情报令美国人大为震怒，美国有关部门迅速做出了反应。

首先向法国发难的是美国休斯飞机公司。该公司不久前曾在一笔 2.58 亿美元的卫星合同竞争中败给了法国公司。获悉法国情报部门对美进行间谍活动的消息后，休斯公司怒气冲天，愤然退出了 6 月中旬在法国举办的久负盛名的巴黎航空博览会，让法国政府尴尬一场。其后，美国情报部门也做出了反应。中央情报局和联邦调查局一改过去对盟国间谍的宽容政策，加强实施向本国工商界人士说明他们面临的间谍威胁的计划。美国人开始在兄弟庭院间修造防谍的"篱笆墙"。与此同时，美国情报部门指示其麾下的情报官员把打击盗窃工商业机密作为他们一项新的重要任务。中央情报局还警告有关国家，若他们伸出来的手被美国人抓住了，就公之于众，对盟国也不例外。看来美国人这次是被"兄弟"激得怒不可遏了。

其实，西方工业化国家间互相刺探工商业机密由来已久，法国也不是唯一窃取美国工商业情报的国家。前中央情报局局长盖茨在一次国会作证时说，约有 20 个国家对美搞经济间谍活动。为什么这次美国人会如此恼怒呢？美国《时代》周刊一篇文章指出："……美法之间的这场龃龉表明，随着全球竞争的加剧，商业间谍活动的规模也越来越大了。"看来，美国人是被盟国越来越大规模的商业间谍活动激怒的。

事实表明，世界商业间谍战确有愈演愈烈的趋势。西方评论家曾经指出，从 1917 年以来，苏联的高新技术包括导弹、军舰、电子等大约 90% 是从西方获得的，它的国民生产总值约有 80% 是从西方窃取的技术秘密的产物。美国有关机构指出，苏联的工业间谍近年从美国已窃取了 5 万多件尖端技术情报，并在系列电子计算机系统、激光技术等 13 个关键性领域得手。1978 年 2 月，美国《幸福》杂志载文指出，在美国的硅谷，日本间谍非常活跃，其目的是搜集日本富士通、日立制作所等生产电子计算机厂家所急需的尖端技术情报。

在美国不断披露其他盟国包括日本商业间谍活动的同时，日本人也在大喊捉贼。日本曾出版了岗村·贡的《美苏谍报战在日本》一书，作者在序中称："美国中央情报局和苏联克格勃这两个代表东西方阵营的谍报组织，在远东的经济大国——日本，死命扭成一团，展开着谍报大战。""美国在日本布下了广泛而周密的情报网"。美苏已"看好日本的尖端技术"。极有影响的《读卖新闻》则以五十四回的大篇幅连载文章，惊呼间谍的"威胁就在身边"，叹息日本商业间谍工作不力，只是一只仅有对东方国家一只耳朵的"单耳兔"，鼓动日本商人"生财之道靠情报"。

看到这里，我们终于明白了：各国间愈演愈烈的商业间谍战，原来是国家间经济竞争的产物；各国如此器重商业间谍，原来都是冲着赢得经济竞争，促进国家繁荣来的。那商业间谍能胜任这一举足轻重的角色吗？读者看了后面日本商业间谍的"伟绩"就会找到答案，或许读者还能从中得到点启示呢。

巨资购不到，2元买到手

1982年4月，我国宣布已研制成功维生素C"两步发酵法"。这是世界维生素生产技术上的新突破，当属一项重大科技发明。国外垄断维生素C生产的瑞士某厂和美国某药厂闻讯后都想以重金购买此项技术。在和我方就此事接触的时候，他们的情报人员从我国某学报中找到了有关技术资料。该学报刊登的有关文章详尽地公布了新产品从小型试验到试产，从试产到正式批量生产的全部技术资料，其中包括菌种的分离、种属的鉴别、形态特征的描述、小试培养基配比，甚至连不同的碳氨源、pH值和稀有金属、消沫剂、种龄、接种量对生产的影响，产酸量和菌种形态的变化等技术细节也做了详尽的介绍。这些文章已把"两步发酵"的全部技术和盘托出。根据介绍的有关步骤、程序去做，就能轻而易举地按照"两步发酵法"制成维生素C。瑞士和美国的这两家制药厂获得该学报期刊后公开声明：他们原想花巨资购买的技术，已通过2元钱一本的杂志获得了。

看到这段故事，使我们想起了从事情报工作40多年之久的美国前中央情报局局长艾伦·杜勒斯曾经说过的一句话：情报机关可以从公开情报中"捞到油水"。公开和秘密本来就是相对而言的，非常公开的事物，往往隐含着非常秘密的情报。被保密的墙垣重重护住的秘密，也会从罅隙间泄露。报刊、图书等公开资料正是泄露秘密之罅隙。这些公开的资料在一般人眼里似乎微不足道，毫无价值。但经受过专门训练的人们分析、加工，就会变成准确性极高的情报。为验证这一观点，美国前中央情报局局长比尔德·史密斯在20世纪50年代初曾做过一个有名的试验。他在某大学物色了一些军事、政治、经济等方面出类拔萃的专家，交给他们一些谁都可以得到的报纸、刊物、研究论文、讲演记录、调查报告。试验报告使史密斯感到无比惊诧："苏联要是得到这些公开的材料进行同样的分析和研究，只要用两周的时间，就可以对我国国防力量的大部分情况做出重要而正确的判断。"有关这项试验结果的报告送到了当时的美国总统杜鲁门手中，他看后不无忧虑地疾呼："我们的秘密情报的95%，被报纸和高级杂志发表了！"在信息爆炸的今天，报刊、图书如山似海，这无疑为商战的情报工作大开了方便之门。

苏联的情报人员就是西方所有出版物的贪婪读者，一些科技刊物更是他们热衷收集、钻研的对象。美国《航空和空间技术周刊》杂志，从创刊的第一天起，就成为苏联窥探美国航空和空间技术水平，寻觅这方面情报的可靠资料。只要该刊物一出版，苏联情报人员就极其迅速地用飞机送往莫斯科，并在运送途中把它翻译出来。这些情报对苏联的航空、空间技术的发展起到了很大的作用。苏联大使馆也是各国重要刊物的收集站。据说，苏联驻外大使馆每年都要从国外运回数以吨计的资料。其中包括美国国会和政府的出版物、科技期刊、从书店购来的科技图书、从图书馆复印的科技资料。

如此辛勤地耕作，必然带来丰厚的收获。苏联大规模收集公开资料，使其情报工作为国家商战屡建奇功。

北冰洋渔场一直是苏联和日本争夺的焦点。日本在日苏关于北冰洋争夺的谈判中屡遭失败，这使日本捕鱼分配量锐减。1957 年，日本的鲑鱼、鳟鱼的分配量为 160000 吨，几经谈判减至 62000 吨。苏联何以在谈判中总处于主动呢？我们来看看《朝日新闻》在 1978 年 1 月 6 日至 3 月 14 日连载的《现代情报》中的分析：

在谈判中，本来就处于劣势的日本，还另有一个不利因素，这就是苏联在情报方面所处的绝对优势。苏联将水产厅的资料、全国的报纸以及所有水产界的报刊，每天不断地送往莫斯科，随即译成俄文，根据需要直接送到谈判桌上。曾经发生过这样一件事：苏方代表、渔业部长依什科夫在一次谈判中突然发火，拍案叫道："冈安诚长官，您说只按协定的数量捕获了你们的那一部分，可这份报纸却证明，事实上大大超过了规定的指标，如果你再坚持这种态度，谈判就无法进行下去！"原来，他刚刚接到一份日本《水产新闻》，这份报纸详细地报道了钏路和根室港几天来的渔获量。

看来是公开情报为苏联在关键时刻用日本人自己的手，给日本以有力的一击。其实，日本人并不是省油的灯，他们也是善于从公开资料中搜集情报的高手。就说日本商社的驻外人员吧，他们每天上班的第一件事，就是阅读来自大本营发来的各项指示和资料，了解总部的情报要求和意图。接着便详细查阅当地的报纸、杂志、书籍，从中找出有价值的情报和线索。然后再与当地的公司、企业等有关单位联系，或直接索要公开的资料，或到现场搜集。如若仍不能达到目的，就采用间谍手段来获取。

美国人对公开资料的兴趣也不小。他们认为，刊物中有大量宝贵的经济、技术情报。美国凯泽铝公司的一位工程师透露，这家公司摘录的关于有色金属公司的冶金文件，将近一半是从苏联公开文献中抄来的。

企业的广告、展览会的说明材料也是各国所热衷收集的公开情报之一。美国一家报纸曾披露过这样一件事：

在洛杉矶举办的电子展览会上，两位苏联人格外忙，他们四处奔走，索要参展者的各种说明书和广告单。到展览会闭幕时，他们搜集的材料已多得无法带走，只好雇了辆客货两用汽车才将材料运回。他们之所以对参展者的说明书、广告单有如此兴趣，是因为在这些材料中有大量关于美国电子企业的技术状况、产品性能的介绍，通过对这些材料的分析，苏联人就能分析出美国电子工业的技术水平和发展趋势，能得到一定的电子技术秘密。

登载在报刊上的企业广告、求助广告、招聘广告也是商战情报的重要渠道。人们不仅可以从这些广告中发现竞争对手的产品、设备、技术、发展动态等秘密，还能从中发现对手的经营计划、经营策略。美国 MCI 通信公司在宣布它将提供电子邮寄服务的几个月之前，曾刊登了一则招聘广告，招募在数据通信方面受过训练的技术专家和工程师。很多的竞争者通过这则广告，知道了 MCI 的这一经营计划，不少竞争者也着手筹办电子邮寄服务。等 MCI 的电子邮寄业务正式开展时，这些公司也就跟上来了。

在激烈的商战中，所有反映企业情况的东西，都是竞争者感兴趣的东西。企业作为商战的一方，应睁大眼睛从报纸、杂志等公开资料中搜集情报，并用心分析、研究，从中找到自己需要的东西。在信息爆炸的今天，报刊等公开资料浩如烟海，要从中淘到情报之金并非易事。这就要求企业着力组建一支训练有素的"淘金"部队，要求企业家必须学会"淘金"术，能变公开资料之纸山为金山。

寻常交往信，也是情报源

市场上是对手，生活中是朋友。很多企业家平时有着友好的来往，他们在工作之余会利用各种方式来联络、加强相互之间的友谊。通信就是他们最常用的方式。给同行写封信，寄去一声问候和祝贺，相互之间交流经营心得和管理技艺，也是一件愉快的事。对于竞争者的来信若用情报的眼光去阅读，就不是如此简单了，很有可能在洋溢着亲切友好气氛的字里行间，发现有价值的情报线索。循此线索挖下去，很可能带来扭转整个商战局势的机会。

众所周知，日本的汽车发动机技术原先远远落后于西德。但从 1964 年日本试制出第一台转子发动机、1967 年大批量生产后，这种差距迅速缩小，到 1972 年已远远超过了西德。当年日本生产的转子汽车达 24 万辆，是西德的 24 倍，占世界总产量的90%，连汽车王国——美国也成为其主要买主。可以说，转子发动机的试制成功是日本汽车工业的转折点。然而很少有人知道，这项改变日本汽车工业命运的新技术成果是西德最先着手研制开发的，日本人是凭企业家之间交往的私人信件获得西德的情报后，才开始这项新技术成果的开发，并且后来居上的。

1960年1月1日，日本东洋汽车公司经理松田恒次收到一封战前曾在日本工作过的一位德国朋友伏尔斯塔的信。信中写有这么一句话："您对一种划时代的发动机感兴趣吗？希望我们共同协作。"这句看起来很随便、很平常的话，却没有逃过松田先生那敏锐的眼睛，他敏感地意识到德国同行在发动机技术方面可能有新的进展，而这种进展可能会对汽车工业的发展具有重要的战略意义。从这封信中，松田先生已得到一条重要的情报线索。但这种划时代的发动机究竟是怎么样的呢？这就需要循此情报线索搜集更多的情报。

松田立即组织了一批工程技术人员翻阅了前些时候西德出版的报刊，他们相信，再秘密的情报也会在公开的报刊中露出蛛丝马迹。果然，1959年12月9日发行的一家西德报纸上发表了"内克苏姆汽车公司研制成功转子发动机"的消息。根据该报道的内容，他们经过推测、分析、论证，认为这种转子发动机就是1953年西德工程师汪克尔发明的那种发动机。结合原来的情报资料，他们对转子发动机有了一个轮廓性的了解。这种发动机与普通发动机虽然原理相同，但经过改进后使之具有结构简单、体积小、重量轻、成本低、耗油少、振动小、噪声低、起动行驶平稳、能适应高速行驶需要等优点。这些优点都是普通发动机无法比拟的。松田先生敏锐地意识到，这种代表未来汽车发动机发展方向的转子发动机若能尽快在日本安家，将会大大推动日本汽车工业的发展。他们暗下决心，一定要把这一技术情报弄到手。

他们回过头，再次认真研究了手头中仅有的两条情报：伏尔斯塔的信和1959年12月9日的报纸。研究又有了新发现，从短短的文字中他们断定，西德在转子发动机研究上已取得了很大进展，但在技术上遇到了难以克服的困难，正急于寻求攻关的合作者。1960年5月，松田拜访了即将离任的西德驻日本大使哈斯先生，请求他回国后代问内克苏姆公司的转子发动机"有何长处，以便协作"。过了一段时间，西德方面来信表示："希望来人面谈。"机会来了！日本方面开始行动了。为了确保这次"技术考察"能取得最大的收获，日本政府向企业伸出了援助之手。当时的池田首相和前首相吉田茂也参加筹划工作，并亲自下达指令给日本驻西德使馆，要他们为此提供最便利的条件，必要时给予协作。

1960年9月，日本组成了以汽车公司经理、设计处长、情报调查室主任为首的五人考察团来到西德，在参观转子发动机试验室、试乘安装该发动机的小汽车后，日本人大有所获。由于日本方面的原因，技术协作告吹，但日本人却以高价购买了一台样机。取得了实物情报后，日本人胜利归来。为弄清西德为何不投入批量生产的原因，他们又以进修为名，派出第二个考察团。经多方刺探、访问，终于弄清了其中的奥秘。原来该发动机的外壳在启动后不久其内层就会发生波状磨损，使效率急剧下降而不能使用。这一致命的弱点阻碍了西德在转子发动机上进一步发展的步伐。这一情报使日本人欣喜若狂，西德在原地踏步，无疑为日本人的追赶创造了契机。

日本根据两次考察搜集到的技术情报，立即组织精兵强将开始紧张的研制。由于有西德打下的基础，日本只用了近一个月的时间就拿出了转子发动机。在运转试验时，西德的"难题"同样出现在日本人面前，但至此日本和西德在该项技术上已平起平坐了。"追赶"的目标已经实现，日本人又向"超越"的目标前进。正当技术人员在 500 多次设计、5 万多小时的实验、毁坏 5000 台转子发动机的失败面前一筹莫展之际，一直注视着国内外技术动态的情报部门送来了一份极有价值的情报：日本石墨公司试制出一种比石墨强度高 10 倍的焦性石墨新产品，而且有润滑、熔点高和不出波状磨损的优点。在这一情报的启发下，工程技术人员很快就研制出一种新型密封片用于转子发动机，成功地消除了波状磨损这一难题。试验结果一出来，日本就意识到，被西德占据 10 余年的世界汽车发动机王位，用不了多长时间就要让给日本了，他们打心眼里感激西德为日本搭了人梯，使日本摘到了转子发动机这颗"仙桃"。更感谢伏尔斯塔那封信，带他们走上了追赶西德的捷径。

我们若对日本搜集转子发动机技术情报的过程做一总结、分析，就能看到其中包含了两个阶段、若干个环节：从伏尔斯塔的信中发现情报线索——从报刊这公开资料中找到情报人员的具体目标——通过假借技术合作创造考察机会，接触情报目标——购买样机得到情报目标。至此，搜集技术情报的第一阶段结束，日本基本上获得了已有的技术情报。为走完竞争者技术开发未竟的路程，超越西德，日本又开始了第二阶段的情报工作：以"进修"为名接触竞争者——通过和竞争者谈话及观察，获得有关其技术弱点的情报——从报刊等公开资料中找到攻克技术弱点的情报。在这二个阶段中，日本人巧妙地运用了多种合法收集商业秘密的情报术，一步一步地逼近成功之门。在复杂的商业战场中，商战情报一箭中的的情况自然是有的。但在更多的情况下，需要企业灵活、巧妙、综合地运用多种情报术才能达到目的。

感谢大时代
（后记）

我行进在大时代。

回眸 60 年的跋涉，细数 60 年留下的脚印，我心潮澎湃，感慨万千。

我庆幸，我能够出生在和谐、善良、温馨的家庭，让我得以健康成长；我庆幸，我有个好老婆和好儿子，让我享受到爱的甘甜和家庭之快乐；我庆幸，在我人生成长的每一个关键时刻，都遇到恩师的指点，让我少了些坎坷和曲折；我庆幸，我拥有一批挚友，给了我事业的支持和友情的甘露；我庆幸，在干事业的关键年龄，恰逢中国的好时代，给了我机遇、给了我动力，助推我加速前行。

知青岁月的磨砺，大学校园的熏陶，党校平台的锤炼，商海酣战的搏杀，让我逐步成长、成熟。

日月如梭，光阴似箭。懵懂少年时的我，似乎就徘徊在昨天，倏然间我已花甲之年。

人生就是一趟远行。在行进的路上自己奋力跋涉，更有组织或他人助推。在我 60 年行进的路上，有多少我认识的不认识的、我熟悉的不熟悉的，为我指引道路，与我并肩同行，借伞给我挡雨，扶我过坎涉水，除我疼痛疾病，给我掌声鼓励，献我鲜花激励……我感恩于他们。

闲云野鹤，这就是我期许的明天。

我是闲云一朵，自由自在，无欲无求。我闲看，我闲侃，我闲想，我闲心，我闲行。但我不堕落、不萎靡、不放任。我要坚守自己"体验人生，制造快乐"的人生准则，继续制造应当制造的，体验应当体验的，回报应当回报的。

我是林间野鹤，沐浴祖国大时代的阳光，享受大时代带来的快乐，品味人生旅途的甘苦。我阳光，我潇洒，我磊落，我自在，我快乐，我健康，我清白，我自爱。

人生应当是丰富的，人生应当是多彩的，人生应当是奋斗的，人生应当是快乐的。

感谢苍天让我出生在这个大时代。

感谢伟人邓小平，给了我们一个万紫千红的春天。

感谢我曾经工作过的单位，给了我一个磨砺、锻炼、成长的平台。

感谢父母养育之恩，感谢恩师施我之教，感谢妻儿给我之爱，感谢弟妹予我之敬，感谢同事、朋友助我之力，感谢所有给予过我的人，也感谢那些给我磨砺机会的人。您们让我的六十年快乐着、成长着、进步着。

感谢我的好友余来文博士，感谢经济管理出版社编辑为本书的出版付出的辛劳，更感谢读者耐着性子看完我的唠叨。

2017 年春